예수 빼고 다 바꿔라

예수 빼고 다 바꿔라

지은이 최명일
펴낸이 김명식
펴낸곳 (주)넥서스

초판 1쇄 인쇄 2012년 8월 20일
초판 1쇄 발행 2012년 8월 25일

출판신고 1992년 4월 3일 제311-2002-2호
121-840 서울시 마포구 서교동 394-2
Tel (02)330-5500 Fax (02)330-5555
ISBN 978-89-6000-667-6 03230

저자와 출판사의 허락 없이 내용의 일부를 인용하거나
발췌하는 것을 금합니다.

저자와의 협의에 따라서 인지는 붙이지 않습니다.

가격은 뒤표지에 있습니다.
잘못 만들어진 책은 구입처에서 바꾸어 드립니다.

www.nexusbook.com
넥서스CROSS는 (주)넥서스의 기독 브랜드입니다.

멈춰 있는 크리스천들에게

예수 빼고 다 바꿔라

최명일 지음

넥서스CROSS

서문

그런즉 누구든지 그리스도 안에 있으면 새로운 피조물이라 이전 것은 지나갔으니 보라 새 것이 되었도다(고후 5:17)

예수 안에 있는 우리는 새로운 피조물이다. 이는 옛것을 버려야 한다는 의미다. 아직도 옛 습성과 모습으로 살아가고 있는가? 누구든지 그리스도 밖에 있을 때에는 냄새나는 죄악의 구렁 속에 빠져 죄악된 삶이 무엇인지 모르고 살 수밖에 없다. 모든 관점이 자기 주도적이며 남을 배려하지 않고 자기 목적에 부합한 삶을 살기 때문이다.

그러나 이제는 그리스도 안에서 살게 됐다. 이것은 나의 의지도 아니고, 결단도 아닌 전적으로 하나님의 은혜다. 그분이 선택해 주신 섭리에 의해서 이 자리에 왔고, 그리스도 안에서의 삶을 살게 하셨다.

그런데 아직도 나는 애굽을 동경했던 이스라엘 백성들처럼 세상의 향수에 젖은 방탕한 놀이와 세속을 그리워하며, 방종과 난폭한 욕망에 싸인 자기 주도적 삶을 추구하고 있다.

이러한 나의 모습을 보며 세상 사람들은 "너의 참모습은 무엇이냐?"며 손가락질하고 비판한다. 이로 인해 정체성의 혼란이 온다. 나는 새로운 피조물인가? 아니면 옛 자아의 썩은 교만으로 가득 찬 육체 덩어리인가?

이제는 옛것을 버리고 바꿀 것이 있으면 바꾸자. 방향이 잘못 설정되었으면 바르게 설정하자. 새로운 피조물로서의 정체성을 가지고 살자. 나를 불러 주신 그분의 섭리 안에서 살자. 옛 관습과 속성을 철저하게 버리고 새로운 가치관과 목적과 비전을 가지고 살자.

변화를 갈망하는 모든 사람과 함께 이 글을 나누고자 한다. 같이 고민하고 몸부림치면서 새로운 피조물로서의 삶의 모습으로 살아가자. 창조적 삶을 살자. 주님의 목적에 부합한 삶을 살자.

최명일 목사

차례

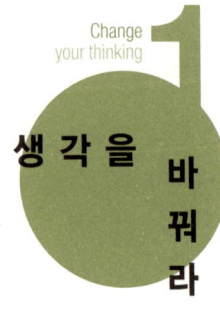

서문	04
1 말의 힘	**10**
긍정의 언어 ｜ 생명의 언어 ｜ 희망의 언어	
2 십자가의 길	**22**
행복한 종교 ｜ 행복한 삶 ｜ 행복한 사명	
3 생각의 효과	**34**
믿음의 생각 ｜ 하늘의 생각 ｜ 희망적인 생각	
4 성숙한 성도	**46**
원수를 사랑하는 선 ｜ 성경적인 선 ｜ 악을 이기는 선	
5 복음의 핵심	**58**
죽음의 확실성 ｜ 부활의 실제성 ｜ 죽음과 부활	
6 온전한 믿음	**70**
그릇된 믿음 ｜ 올바른 믿음 ｜ 성장하는 믿음	
7 꿈을 주시는 분	**82**
꿈꾸는 야곱 ｜ 꿈을 놓친 에서 ｜ 꿈이 있는 인생	
8 율법과 자유	**94**
율법적 계약 ｜ 율법의 길 ｜ 율법과 복음	
9 신령한 염려	**106**
염려의 특징 ｜ 염려하지 않는 삶 ｜ 염려의 회복	
10 단점의 변화	**118**
단점을 대하는 자세 ｜ 단점을 쓰임받은 에훗 ｜ 단점으로 인한 행복한 회복	

2 환경을 바꿔라
Change your environment

1 위대한 승리 — 132
환경에서의 역전 | 인간관계에서의 역전 | 죽음에서의 역전

2 회복의 기회 — 146
민족의 위기 | 민족의 아픔 | 민족의 회복

3 우울증 탈출 — 158
나에게도 올 수 있는 우울증 | 엘리야의 우울증 | 치료받는 우울증

4 함께하시는 분 — 170
혼자라는 생각이 들 때 | 장래가 불확실할 때 | 영적으로 무기력해질 때

5 열등감 정복 — 182
인생의 열등감 | 모세의 열등감 | 자존감으로 회복한 열등감

6 고통의 의미 — 194
하나님의 시험 | 하나님의 축복 | 하나님의 계시

7 유익한 고난 — 204
예수님의 고난 | 고난 뒤의 승리 | 고난 속에서 예수님을 믿는다는 것

8 회개하는 죄인 — 216
죄와 죄책감 | 죄책감을 기회로 | 죄책감에서 해방되는 길

9 물질의 사명 — 228
재물에 대한 바른 생각 | 재물 얻는 능력 | 재물의 존재

10 믿음의 동행 — 240
동행할 수 없는 두 부류 | 동행의 의미 | 동행의 결과

말의 힘　십자가의 길　생각의 효과
성숙한 성도　복음의 핵심　온전한 믿음
꿈을 주시는 분　율법과 자유　신령한 염려　단점의 변화

Change 1

생각을 바꿔라

CHAPTER 1
말의 힘

긍정의 언어 | 생명의 언어 | 희망의 언어

말의 힘

> 선한 말은 꿀송이 같아서 마음에 달고
> 뼈에 양약이 되느니라 _ 잠 16:24

세상에서 가장 무서운 파괴 도구는 폭탄이 아니고 사람의 말일 것이다. 사람의 뇌세포는 98%가 말에 지배를 받고 있다. 그래서 W. NL. 영안은 "말은 죽이기도 하고 살리기도 한다."고 했고, 호라티우스(Horatius)는 "말은 한 번 놓치면 다시 불러들일 수 없다."고 말했다. 이처럼 말은 그 어떤 무기보다도 강하다.

일반적인 크기의 책 한 권에는 약 2만 개의 단어가 들어 있다고 한다. 그런데 보통 사람들은 매일 약 3만 개의 단어를 사용하니, 우리가 하루 동안 입 밖으로 내뱉는 말들을 모두 모으면 한 권 이상의 책을 만들어 낼 수 있다. 그리고 일생의 말들을 모두 모은다면 보통 크기의 도서관을 채울 정도의 책을 만들 수 있다.

우리가 이토록 사용하는 말에는 강력한 힘이 있다. 세계 각국에는 말의 중요성과 관련된 표현이 많다. '말 한마디가 천 냥 빚을 갚는다.', '칼보다 펜이 강하다.', '창조적인 말은 장래 황금시대를 가져올 것이다.', '말이 입힌 상처는 칼이 입힌 상처보다 깊다.' 등의 표현들을 살펴보면 시공간을 초월해 인류가 말의 중요성에 주목했음을 알 수 있다.

말은 생각을 담는 그릇의 역할을 한다. 생각들을 어떤 그릇에 담느냐에 따라 우리의 말이 바뀌고, 그 바뀐 말은 우리의 행동과 삶에 지대한 영향을 미친다. 그렇다면 그리스도인은 어떤 말을 해야 할까? 자신이 평생 내뱉는 말들을 엮어 어떠한 도서관을 만들어야 할까? 지금 이 순간 우리는 어떤 말을 하고 있는가?

:: **긍정의 언어**

다양한 놀이 도구 중에 부메랑이 있다. 이 부메랑은 하늘을 향해 힘껏 던지면 멀리 날아갔다가 다시 던진 사람에게 돌아온다. 이 놀이의 매력은 '제 자리로 돌아오는' 특성에 있다. 우리가 사용하는 말도 부메랑과 같은 특성이 있다. 먼저 우리가 물리적으로 한 말을 가장 먼저 듣는 사람은 타인이 아니라 자기 자신이다. 입에서 나온 소리가 턱을 통해 곧바로 귀로 전달되기 때문이다. 또한 우리의 말은 타인의 입을 통해 되돌아온다. 일종의 '말의 부메랑 법칙'이다.

예를 들어 긍정적인 말은 사람과의 관계를 긍정적으로 바꾸고, 이렇게 다져진 관계는 나아가 우리의 삶을 긍정으로 이끈다. 이러한 '긍정의 말'은 결국 우리의 인격을 지배한다. 이렇게 되면 자연스럽게 긍정적인 사람들이 우리 곁으로 모여들고, 긍정적인 말, 서로를 세우고 섬기는 말들이 관계의 주된 언어가 된다. 반면 타인에게 늘 부정적인 말, 투정하고 불평하는 말을 사용하는 사람 곁에는 그와 비슷한 사람들이 모여들 수밖에 없다. 돌 하나가 연못에 떨어져 파장을 일으키듯 우리에게 떨어진 말은 삶 속의 관계에 큰 파장을 일으킨다.

이웃에게 행복한 말을 하면 행복한 파장이 일어나고, 내 곁에 행복한 사람들이 모임으로써 행복한 환경이 조성된다. 이는 누에고치가 입에서 실을 풀어 자신의 집을 짓는 모습과 비슷하다. 사람은 자신의 입으로 하는 말로 자신의 인생 집을 짓게 되는 것이다. 믿음의 말은 믿음의 집을 짓는다. 사랑의 말은 사랑의 집을 짓고, 소망의 말은 소망의 집을 짓는다. 현재의 내 모습은 과거에 내가 지니고 있었던 말과 생각의 틀에 의해 만들어진 것이다. 또한 내가 맺고 있는 관계들도 과거에 내가 이웃에게 사용했던 말의 성격에 의해 정해진 것이다.

현재 우리의 모습은 어떤가? 우리는 미래를 위해 어떤 말을 사용하고 있는가? 호두 빵 대신 붕어빵을 만들려면 빵 굽는 틀을 바꿔야 한다. 이처럼 말을 바꿔야 관계가 바뀌고, 인생이 바뀐다. 우리가 이웃에게 사용하는 말의 방식이 인생 방식을 결정하기 때문이다.

하나님은 말씀으로 천지를 창조하셨다. 손으로 주물러서 창조하시거나 기계로 구워서 창조하신 것이 아니다. 창세전에 마음으로 품고 계셨던 창조의 계획은 하나님이 말씀하실 때 비로소 현실이 됐다. 그래서 창세기 1장에는 '이르시되', '가라사대'라는 표현이 10번 이상 반복된다. 하나님은 그분의 형상대로 지으신 인간에게 생각과 꿈을 주셨고, 그것들이 말을 통해 현실이 되도록 말의 권세를 주셨다. 인간이 만물의 영장이 될 수 있는 것은 말의 권세를 가졌기 때문이다. 말의 권세를 통해 만물을 새롭게 창조해 나갈 수 있다. 관계 속에서도 우리는 말을 통해 더욱 감사하고 행복한 관계를 창조할 수 있다.

창조의 능력이 깃든 말 속에 비판적인 말, 시기와 질투의 말이 가득해서는 안 된다. 우리는 이웃에게 긍정적인 말을 해야 한다. 힘들고 좌절한 이웃의 상처를 보듬어 줄 수 있는 말을 해야 한다. 상대의 허물이 아닌 상대의 장점을 비추고, 높이 세우는 말을 해야 한다. 잘못을 지적하는 말이 아닌 용서하고 보듬어 주는 말을 해야 한다.

우리는 이웃에게 긍정의 말을 해야 한다. 그 말 속에 선한 창조적 능력이 깃들어야 한다. 왜냐하면 우리가 이웃에게 어떤 말을 하느냐에 따라 관계가 결정되고, 관계에 따라 그들이 우리에게 하는 말이 정해지기 때문이다. 그리고 이 과정을 통해 우리를 둘러싸고 있는 환경이 결정되고, 나아가 삶 전체가 결정된다. 우리의 긍정적인 말을 통해 가정과 공동체가 힘을 얻는 역사가 일어나기를 바란다. 긍정적인 말을 통해 원망과 불평은 사라지고 위로와 감사가 넘치는 공동체가 세워져야 한다. 그것이 하나님이 원하시는 삶의 방식이다.

:: **생명의 언어**

잠언 18장 12절은 생명과 죽음의 갈림길에 대해 "죽고 사는 것이 혀의 힘에 달렸나니"라고 말했다. 생명의 언어와 죽음의 언어가 있다는 의미다. 기독교는 생명의 종교다. 하나님이 태초에 천지를 창조하시고, 인간의 코 안에 친히 숨을 불어넣으심으로써 이 세상에 생명의 역사가 시작됐다. 우리는 생명의 역사를 기록하신 하나님의 자녀다. 생명의 종교를 믿는 우리는 어떤 말을 해야 하나? 그리스도인은 이 세상 그 누구보다도 생명의 말을 해야 한다.

하나님은 상황에 대해 부정적인 말을 하는 사람을 좋아하지 않으신다. 하나님이 우리를 위해 계획하고 예비해 두신 것들을 믿지 못하고 의심하는 사람을 어찌 좋아하실 수 있겠는가? 자신의 부족함에 대해 반성하고 성찰할 수는 있지만 상황 자체에 대해 절망하고 포기해 버리는 자세는 하나님이 기뻐하시지 않는 모습이다. 하나님은 우리가 그분의 계획을 믿고 긍정의 말, 생명의 말을 하기 원하신다. 말은 그 사람의 생각과 태도에 큰 영향을 미치기 때문이다.

12명의 정탐꾼이 가나안 땅을 정탐하고 돌아왔을 때 10명의 정탐꾼은 "우리는 들어갈 수 없다."고 비판적인 말을 했다. 세상적인 관점에서 보면 그들의 판단이 합리적으로 보일 수도 있지만 그들은 그 뒤에 숨겨진 하나님의 인도하심을 믿지 않았다. 그것은 하나님의 계획에 대한 악평이었고 원망과 의심이 섞인 말이었다.

나를 원망하는 이 악한 회중에게 내가 어느 때까지 참으랴 이스라엘 자손이 나를 향하여 원망하는 바 그 원망하는 말을 들었노라 그들에게 이르기를 여호와의 말씀에 내 삶을 두고 맹세하노라 너희 말이 내 귀에 들린 대로 내가 너희에게 행하리니(민 14:27~28)

악평은 그분에 대한 믿음 없이 좋은 것을 보지 못하고 악하다고 평가하는 것이다. 그런 사람은 자기의 악한 생각대로 부정적인 것에 집중하고 그것을 과장해서 말한다. 그 과정에서 수많은 기회와 놀라운 계획을 지나친다. 하나님은 자신을 향해 원망하는 이스라엘 자손에게 그들이 말한 대로 그들에게 행하겠다고 말씀하셨다. 그래서 상황에 대해 원망하고 불평했던 자손들은 결코 더 좋은 것을 얻지 못했다.

불평과 원망은 죽음의 말이다. 반면에 희망과 긍정은 생명의 말이다. 죽음의 말과 생명의 말은 창조적인 능력이 있다. 정탐을 마친 후 가나안 땅에 들어갈 수 없다고 불신한 10명의 정탐꾼은 결국 그들의 말대로 가나안에 들어가지 못했다. 광야에서 죽는 것이 낫다고 불평했던 백성들은 전부 광야에서 죽었다. 그러나 생명의 말을 통해 하나님이 예비하신 땅을 바라보고 나아간 백성들은 가나안에 들어갈 수 있었다. 즉 비판적인 사람은 기회 속에 숨겨진 수많은 문제를 발견하고, 긍정적인 사람은 문제 속에 숨겨진 수많은 기회를 발견한다.

우리가 걸어가는 길이 결코 평탄하지 않을 수 있지만 어려움과 고난 속에서도 하나님이 예비하신 기회를 발견해야 한다. 어떻게 하면 삶 속에서 생명의 말을 더욱 잘 사용할 수 있을까? 사람은 마음속에 품은 것을 말한다. 우리가 삶 속에서 생명의 말을 많이 사용하기 위해서는 하나님 말씀을 많이 듣고 묵상해야 한다. 마음속에 품고 있던 말씀에 기초한 생각들이 언제든지 말로 표현될 수 있어야 한다. 이렇게 묵상한 말씀대로 살아가는 삶을 실천하다 보면 마음에 품었던 생명의 말씀, 거룩한 말씀이 말로 전달될 것이다. 전지전능하신 하나님의 계획과 인도하심을 믿는 하나님 자녀의 말에는 권세가 있기 때문에 죽음의 말이 아닌, 생명의 말이 우리의 삶을 이끌어 갈 것이다.

:: **희망의 언어**

교도소 사역을 하는 복음 전도자 발 그라셀이 재소자들을 대상으로 조사한 결과, 죄수의 약 90%가 자신의 부모로부터 "너 같은 녀석은 결국 감옥에서 일생을 마치게 될 것이다."라는 말을 반복해서 들었다고 한다. "너는 구제불능이야.", "너는 도대체 왜 그렇게 사니?" 등과 같은 말들이 실제로 그 사람의 삶에 부정적인 영향을 끼칠 수 있음을 보여 준다. 이처럼 말이 가질 수 있는 독성은 치명적이다. 따라서 우리는 삶에 희망을 불어넣는 말을 사용해야 한다.

이런 일화가 있다. 작은 슈퍼를 운영하던 사람이 교회 목사에게 왔다. 바로 옆에 대형 슈퍼가 생겨서 자신의 슈퍼가 망하게 생겼다며 어떻게 하면 좋을지 상의했다. 이때 그 목사는 말했다. "그 슈퍼 주인을 증오하면 그 증오 때문에 당신 역시도 파멸할 수 있습니다. 매일 아침 당신의 슈퍼를 축복하십시오. 그리고 그 슈퍼 역시 번창하기를 축복하십시오." 이웃에 있는 대형 슈퍼 때문에 걱정하던 주인은 놀랐다. "아니, 경쟁자를 위해 기도하란 말입니까?" 그 목사는 이렇게 대답했다. "상대에게 축복을 보내면 그 사람뿐만 아니라 자신도 축복을 받게 됩니다. 상대가 잘못되기 바라면 그것이 당신을 망칠 것입니다."

슈퍼 주인은 목사의 말을 따르기로 했다. 몇 달 후 슈퍼 주인은 다시 목사를 찾아와 이렇게 말했다. "저는 대형 슈퍼를 끊임없이 축복했고 그 슈퍼는 여전히 장사가 잘되고 있습니다. 놀라운 사실은 그 슈퍼가 번창한다고 해서 저희 가게에 큰 타격이 오지 않았다는 점입니다. 오히려 저희 가게는 지금 어느 때보다 장사가 잘되고 있습니다."

상대의 삶에 대한 증오가 결코 우리를 성공으로 이끌지 않는다. "God bless you(하나님이 당신을 축복하길 원합니다)." 미국에서는 친구들과 헤어질 때 종종 이런 표현을 쓴다. 우리도 삶 속에서 나와 이웃의 삶에 희망적인 말을 해야 한다.

다음은 희망을 말하는 긍정적인 다짐에 대한 3가지 원칙이다. 첫째, 1인칭 시점으로 말해야 한다. 남이 아니라, '나는 어떻다.'는 식으로 말할 때 강한 의지가 담길 수 있다. 둘째, 현재 시제로 말해야 한다. 막연한 미래에 대한 의지가 아닌, 현재에 대한 믿음의 말을 해야 한다. 즉 '나는 잘될 것이다.'라는 미래형이 아니라, '나는 행복하다.', '나는 잘하고 있다.' 등의 현재형으로 말해야 한다. 셋째, 긍정문으로 말해야 한다. '나의 삶은 나쁘지 않다.'가 아니라, '나의 삶은 즐겁고 감사하다.'라는 표현이 더 큰 자신감과 행복감을 줄 수 있다.

성령 안에서 변화된 그리스도인의 말을 하자. 태산을 옮길 능력과 힘 주시는 하나님을 믿고 희망의 언어를 사용해야 한다. 인생에는 늘 문제가 있기 마련이나 당면하고 있는 어려움에만 초점을 맞추지 말고 우리를 성공으로 이끌 희망의 말을 사용해야 한다. 철학자며 신학자인 칸트는 이렇게 말했다. "기도를 하지 마라. 말을 기도처럼 하라. 그 말이 운명을 만들기 때문이다." 우리의 말을 점검해서 말의 성공자가 되자. 우리의 말을 통해 하나님의 영광이 드러나고, 하나님의 이끄심이 증명될 것이다.

희망을 불어넣는 하나님의 응답

내가 "불가능합니다."라고 하면, 주님은 "모든 것이 가능하다."(눅 18:27)라고 하신다. 내가 너무 "지쳤어요."라고 하면, 주님은 "내가 너를 쉬게 하리라."(마 11:28)라고 하신다. "아무도 나를 사랑하지 않아요."라고 하면, 주님은 "내가 너를 사랑하리라."(고후 12:9)고 하신다. 내가 "앞이 캄캄해요."라고 하면, 주님은 "내가 너의 길을 지도하리라."(잠 3:5~6)고 하신다. "저는 제 자신을 용서 못해요."라고 하면, 주님은 "내가 너를 용서하리라."(요일 1:9)고 하신다. "너무 힘들어서 헤쳐나갈 수 없어요."라고 하면, 주님은 "네 모든 필요를 채우마."(빌 4:19)라고 하신다. "저는 항상 걱정이 많고 좌절해요."라고 하면, 주님은 "너의 염려를 내게 맡기라."(벧전 5:7)고 하신다. 내가 "너무 외로워요."라고 하면, 주님은 "내가 너를 떠나지 않고 버리지도 않으리라."(히 13:5)고 하신다.

[말의 힘]

긍정의 언어

제자리에서 힘껏 던졌을 때 멀리 날아갔다가 다시 제자리로 돌아오는 것을 부메랑이라고 한다. 말에도 부메랑 법칙이 있다. 부정적인 말을 하면 부정적인 사람들이 내게 모이고, 내 삶도 부정적이 된다. 반면에 행복한 말을 하면 행복한 사람들이 내 곁에 모이고, 행복한 환경이 조성된다.

Q. 위로와 축복의 말로 인해 치유와 회복을 경험한 적이 있다면 함께 나누어 보자.

생명의 언어

사람은 마음에 품은 것을 말한다. 마음과 삶이 깨끗하지 못하면 부정적인 말을 하게 된다. 반면에 마음에 하나님 말씀을 품으면 생명을 살리는 말을 하게 된다. 하나님 자녀의 말에는 권세가 있기 때문에 죽음의 말이 아닌, 생명의 말이 우리의 삶을 이끌어 갈 것이다.

Q. 창조적인 언어, 생명의 언어를 사용하기 위해서는 당신의 무엇을 변화시켜야 하는가?

희망의 언어

성령 안에서 변화된 사람은 긍정적인 말을 한다. 또 믿음의 말을 한다. 문제가 생겼을 때 어려움에 초점을 맞추지 않고 변화되기 원하는 그 목표에 초점을 맞춘다. 따라서 이제부터는 아름다운 말, 비전의 말, 이웃과 가족에게 칭찬과 격려의 말을 해야 한다.

Q. 인생에 어려움이 왔을 때 당신은 무엇에 초점을 맞추는가? 그 초점이 당신에게 끼친 영향은 무엇인가?

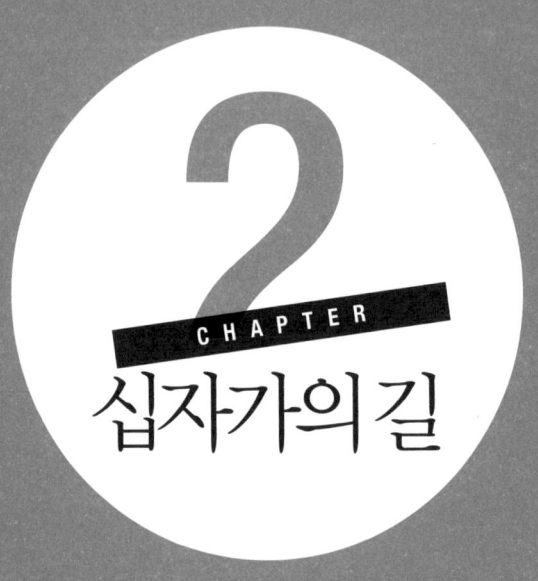

CHAPTER 2
십자가의 길

행복한 종교 | 행복한 삶 | 행복한 사명

십자가의 길

내가 그리스도와 함께 십자가에 못 박혔나니 그런즉 이제는 내가 사는 것이 아니요 오직 내 안에 그리스도께서 사시는 것이라 이제 내가 육체 가운데 사는 것은 나를 사랑하사 나를 위하여 자기 자신을 버리신 하나님의 아들을 믿는 믿음 안에서 사는 것이라_갈 2:20

도스토옙스키는 "인간은 자기가 행복하다는 것을 모르기 때문에 불행한 것이다."라고 말했고, 소크라테스는 "진정한 행복은 외부로부터 생기는 것이 아니고 내부의 지식과 덕으로써 생기는 것이다."라고 했다. 그리고 세네카(Senaca)는 "스스로 불행하다고 하는 자는 불행하다."고 했다.

율법 그 자체는 참구원과 행복을 가져다 주지 못한다. 그러면 우리는 무엇을 통해 구원의 참행복을 얻을 수 있을까? 무엇을 통해 행복한 삶을 살 수 있을까? 그 질문에 대한 유일한 답은 바로 예수님이다. 우리는 예수님으로 말미암아 삶을 변화시켜야 한다. 율법은 하나님이 모세를 통해 이스라엘 사람들에게 준 생활과 행위의 규범이었다.

이 율법을 하나님의 복된 소식으로 바꾼 이가 바로 예수님이다. 예수님은 복음을 통해 우리의 영혼을 죽음의 올무 가운데서 건져 생명의 길로 이끄셨다.

마르틴 루터는 "예수님을 통해 행복한 변화가 일어난다."고 말했다. 하나님 말씀을 어기고 선악과를 먹은 대가로 인간이 받은 삶의 저주가 하늘나라의 복으로 바뀌게 된 곳이 예수님의 십자가였다. 그러므로 예수님을 믿고 따르는 것은 성도들이 행복으로 나아가는 유일한 변화의 길이다. 죄인들은 예수님 앞으로 나아가 그 죄를 용서받는다. 상처 입은 사람들은 예수님 앞으로 나아가 그 아픔을 치유받고, 죄의 덫에 갇힌 사람들은 예수님 앞으로 나아가 자유함을 얻는다. 이것이야 말로 우리가 추구해야 할 행복한 삶의 변화다.

:: **행복한 종교**

세상에는 두 가지 변화가 있다. 밖에서 시작해서 안으로 퍼지는 변화와 안에서 시작해서 밖으로 퍼지는 변화다. 세상에 있는 대부분의 종교는 변화될 것을 강조한다. 하지만 변화의 방식에서 기독교와 세상의 종교 사이에는 뚜렷한 차이가 있다. 세상의 종교는 밖으로부터 시작되는 변화를 강조하지만, 기독교는 정반대다. 세상의 종교는 인간이 세상에서 조금씩 행위를 고쳐 나가고 선행을 쌓으면 의인이 될 수 있다고 생각한다. 다시 말해 나무에 문제가 생겼을 때 병든 가지를 잘라 주고 시든 꽃을 정리하면 나무가 건강해진다고 생각한다. 그래서 그들은 고행과 깊은 묵상을 한다. 이렇게 종교에 심취하다 보면 어느 날 도(道)를 깨닫는 부처가 되고, 유교의 하늘이 되기도 한다.

이와 비슷한 생각이 기독교 안에도 끊임없이 있었다. 율법을 지켜 나감으로 의인이 되고 구원에 이르는 복된 존재가 될 수 있다고 생각한 것이다. 기독교를 종교로만 이해하려는 사람이 있었는데, 바로 율법주의자들이다. 그러나 성경은 그렇게 말하지 않는다. 가지치기로 병든 나무를 고칠 수는 없다. 근본적인 문제는 뿌리에 있기 때문에 뿌리를 치료하고 바꾸어 줄 때 나무의 모든 것이 달라진다.

율법은 우리를 구원해 줄 수 없다. 어떻게 해야 구원을 얻고 행복한 삶을 누릴 수 있는가? 바울은 이에 대해 사람이 의롭게 되는 것은 예수님을 믿는 믿음으로 가능하다고 가르친다. 이러한 믿음으로 말미암아 의롭게 된다는 이신칭의(以信稱義) 교리는 바울 신학의 위대한 대(大)주제가 된다. 그렇다면 이신칭의 교리는 어떤 의미인가?

율법을 향해 죽어야 함을 의미한다. 율법으로는 어느 인간도 구원을 얻지 못하기에 율법과는 무관한 자가 되어야 한다는 것이다. 즉 율법을 향해 죽은 자같이 되어야 한다. 어떻게 하면 율법 안에서 죽은 자가 되는가? 그것은 자신이 예수님과 더불어 십자가에 못 박힘으로 율법 가운데서 죽은 자가 되는 것이다.

예수님은 율법의 요구에 부응하여 스스로 십자가를 지셨다. 예수님의 죽음을 나의 죽음으로 인정하고 따르는 믿음을 가짐으로써 예수님의 죽음에 동참할 때 우리는 율법에 대해 죽은 자가 된다. 이런 사람에게는 더 이상 사망의 법이 접근할 수 없다. 또한 율법의 속박에서 참자유와 행복을 누릴 수 있다.

> 그러므로 이제 그리스도 예수 안에 있는 자에게는 결코 정죄함이 없나니 (롬 8:1)

기독교는 율법의 종교도, 속박과 매임의 종교도 아니다. 기독교는 행복한 종교다. 예수님을 통해 자유함을 얻고, 죄사함의 은총이 넘치는 종교다. 죄로 말미암아 죽은 것 같았던 우리가 예수님으로 말미암아 살아날 수 있었다. 예수님과 함께 십자가에서 죽었고, 예수님과 함께 산다. 따라서 우리에게는 더 이상 불행할 이유가 없다. 예수님의 십자가 은혜로 말미암아 자유한 삶이 기다리기 때문이다.

:: **행복한 삶**

무디(Moody)는 "그대 자신을 믿어 보라. 실망이 있을 뿐이다. 친구를 믿어 보라. 이별이 있을 뿐이다. 그대의 명성을 믿어 보라. 배반이 있을 뿐이다. 그러나 예수님을 믿어 보라. 결코 후회함이 없을 것이다."라고 했다. 인간은 죄악의 본성을 가지고 있기 때문에 자기 자신을 믿고 나아가면 넘어지고 깨지기 쉽다. 그리고 그 과정에서 끊임없이 죄악된 자신의 모습을 바라보게 된다. 행복한 삶의 변화를 경험하고 싶다면 먼저 자신의 문제를 올바르게 바라보아야 한다. 그것은 망할 수밖에 없는 죄악된 우리 자신의 모습이다.

선지자 예레미야는 부패한 시대에 살았다. 온갖 죄악과 더러움이 넘쳐 나는 모습 속에서 예레미야는 자신만 의로운 줄 알았다. 그의 눈에는 타락한 백성들의 모습만 보였다. 그러던 어느 날 환상 중에 '내가 쌓은 의(義)란 더러운 옷과 같은 것이구나.' 하고 깨닫게 된다. 여기서 더러운 옷이란 부상병의 피고름을 감싸고 있던 냄새나는 붕대를 말한다. 타락한 남편과 방탕한 자식을 위해 기도하던 그는 문득 자신의 부족함을 발견하게 된다. 자신의 옹졸한 마음과 변화되지 못한 성품을 발견한다. 이렇게 예레미야가 자신의 모습을 올바르게 바라보고 부족한 점에 대해 부끄러워했듯이, 우리도 자신의 모습을 객관적으로 발견할 수 있어야 삶이 회복되는 기회를 얻을 수 있다.

이사야는 어느 날 백성을 위해 기도하러 성전에 들어갔다. 이사야 시대의 사회는 너무 타락했다. 그가 세상을 바라보며 '하나님, 이 사회를 고쳐 주세요.'라고 기도하는 순간 하나님이 그에게 임하셨나. 그때 비로소 하나님 앞에서 부끄러운 자신의 존재를 발견하고, "오!

주여, 나는 부정한 자로서 하나님을 보았습니다."라며 자기 입술을 가렸다. 이사야는 왜 자신의 입술을 가렸을까? 그 당시 전통에 의하면 나병환자는 성한 사람을 만났을 때 입술을 가리며 '나는 부정하다.'고 소리쳐야 했다. 그렇지 않으면 성한 사람이 그를 돌로 쳐 죽여도 죄가 되지 않았다. 이사야는 하나님 앞에서 자신의 추한 모습을 본 것이다. '사회의 추악함이나 가정의 어려움들이 문제가 아니라 바로 내가 문제였구나. 나는 나병환자 같은 죄인입니다.'라고 고백할 때 하나님이 천사를 보내 이사야의 부정한 입술을 정결하게 하셨다.

성경은 인간 스스로는 의롭게 되지 못한다고 말했다. 하지만 우리 스스로는 할 수 없지만 의롭게 될 수 있는 방법이 있다. 그 길은 믿음의 길이요, 의의 길이다. 오직 믿음으로 사는 것이다. 이것은 자기 의를 완전히 포기하는 것을 의미한다. 혼자서 의롭게 되려는 노력을 포기하고 오직 성령의 은혜를 갈망하는 길이다. 십자가의 은혜를 수용하고, 오직 하나님의 의를 수용하는 길이다.

율법을 주신 이유는 내가 얼마나 저주받은 죄인인가, 내 문제가 얼마나 심각한가를 알게 하기 위함이다. 기준이 없으면 잘못도 없고, 정답이 없으면 오답도 없다. 인생의 정답을 주신 이유는 지금 나의 상태가 얼마나 잘못된 것인가를 보여 주시기 위함이다. 율법은 '육체적 저주, 정신적 저주, 영적 저주에 빠진 너는 희망이 없다. 너는 죽어 마땅하다.'라고 말한다. 이때 하나님이 살 수 있는 길을 준비하셨다. 하나님의 외아들 예수님이 이 땅에 오셔서 십자가를 지시므로 내가 져야 할 모든 죄와 저주를 담당하셨다. 그 십자가 위에서 '다 이루었다.' 말씀하시며 내가 감당해야 할 형벌을 갚아 주셨다.

> 그리스도께서 우리를 위하여 저주를 받은 바 되사 율법의 저주에서 우리를 속량하셨으니 기록된 바 나무에 달린 자마다 저주 아래에 있는 자라 하였음이라 (갈 3:13)

이제 우리의 모든 죄악과 허물을 예수님 앞에 내려놓고 예수님의 거룩함과 구원하심의 역사를 열린 마음으로 받아들여야 한다. 그래서 하나님의 구원 잔치에 참여하는 은혜의 삶을 살아야 한다. 이것이 행복한 삶을 위한 변화의 시작이다.

:: **행복한 사명**

우리의 문제를 알고 인정한 후에 예수님이 우리를 위해 십자가에서 친히 행하신 구원의 역사를 받아들여야 한다. 그렇게 시작된 행복한 변화는 하나님이 주시는 사명으로 완성된다. 행복한 삶의 변화는 단순히 나뭇가지만을 다듬어서 될 일이 아니다. 나무의 근본인 **뿌**리를 바꿔야 한다. 뿌리를 바꾼다는 것은 우리가 예수님에게 접붙임당하는 것과 같다. 접붙임 이후에 가지가 하는 일은 열매를 맺게 하는 것이다. 예수님 안에서 맺는 열매는 두 가지가 있다. 하나는 성품의 열매요, 다른 하나는 사역의 열매다. 성품의 열매란 예수님과 함께 살아감으로 행복한 삶을 지속적으로 경험하는 것이다. 사역의 열매란 이 행복한 삶을 사람들에게 나누고 전하는 것이다.

> 내가 그리스도와 함께 십자가에 못 박혔나니 그런즉 이제는 내가 사는 것이 아니요 오직 내 안에 그리스도께서 사시는 것이라 이제 내가 육체 가운데 사는 것은 나를 사랑하사 나를 위하여 자기 자신을 버리신 하나님의 아들을 믿는 믿음 안에서 사는 것이라(갈 2:20)

여기에서 '산다'는 단어가 반복되는데, 그것은 죄와 사망에서 벗어나 행복한 삶을 맛보며 산다는 것을 의미한다. 하나님에게 속한 복된 존재로 살라는 것이다.

> 화목하게 하는 직분을 주셨으니 곧 하나님께서 그리스도 안에 계시사 세상을 자기와 화목하게 하시며 그들의 죄를 그들에게 돌리지 아니하시고 화목하게 하는 말씀을 우리에게 부탁하셨느니라(고후 5:18~19)

여기에서 세 번씩 반복되는 것은 '화목'이다. 하나님은 행복을 경험한 사람들에게 직분을 주셨다. 그 직분은 행복하게 변화된 삶의 이야기를 세상에 전하는 것이다. "예수님은 우리의 모든 상처를 낫게 하고 저주를 담당하셨습니다. 예수님 앞에 모든 짐을 내려놓고 그분이 주시는 선물을 받으십시오. 예수님의 십자가는 당신의 능력이요, 축복입니다. 예수님의 십자가는 행복한 삶의 길입니다."

이 기쁜 소식을 모두에게 전해야 할 사명이 우리에게 있다. 하나님은 우리의 뿌리가 바뀜으로써 스스로를 위한 열매 맺기를 원하지 않으신다. 또한 우리를 통해 마음이 닫히고 상처받은 사람들을 위로하고 아직도 복음이 전파되지 않은 사람들을 위해 사명의 열매 맺기를 원하신다. 행복한 삶의 변화는 하나님이 주신 기쁜 소식을 전하는 행복한 사명으로 완성된다.

이처럼 우리는 예수 십자가의 은혜를 입고 자신이 죄인됨을 먼저 고백해야 한다. 예수님 앞에 나아와 무릎을 꿇고 우리를 위해 흘려 주신 보혈의 은총을 받아야 한다. 그리하면 우리는 율법의 삶에서 복음의 삶으로 변화되는 은혜를 누리게 될 것이다. 그렇게 죄사함의 은총을 경험한 우리들은 그 기쁜 소식을 사람들에게 알려야 한다. 그것이 우리에게 주어진 사명이요, 행복한 변화의 완성이다.

당신은
행복한 사람인가?

　행복한 사람은 남을 위해 기도하고, 불행한 사람은 자기를 위해 기도한다. 남의 이야기를 열심히 들어주는 사람은 행복한 사람이지만, 한 말을 또 하고 또 하는 사람은 불행한 사람이다. 남의 칭찬을 자주하는 사람은 행복한 사람이고, 자기 자랑을 하는 사람은 불행한 사람이다. 일을 보람으로 아는 사람은 행복하고, 의무로 아는 사람은 불행하다. 언제나 싱글벙글 웃으며 말하는 사람은 행복하고, 투덜대는 사람은 불행하다. 행동으로 보여 주는 사람은 행복하고, 말로 보여 주는 사람은 불행하다. 지금 당신은 행복한 삶인가 아니면 불행한 삶인가?

[십자가의 길]

행복한 종교

기독교는 예수 그리스도로 말미암아 자유함을 얻는 종교다. 또 죄사함의 은총이 넘치는 종교다. 따라서 이제는 율법의 죄에 얽매여 살지 않아도 된다. 우리는 예수 그리스도의 십자가 은혜로 말미암아 새 생명을 얻어 자유한 삶을 살아가야 한다.

Q. 당신의 삶을 묶고 있는 것들은 무엇이며, 그것들이 당신을 묶게 된 이유는 무엇인가?

행복한 삶

율법을 주신 이유는 내가 얼마나 저주받은 죄인인가, 내 문제가 얼마나 심각한가를 알게 하기 위함이다. 정답이 없으면 오답도 없다. 인생에 정답을 주신 이유는 지금 내 상태가 얼마나 잘못된 것인가를 보여 주기 위함이다.

Q. 자기 자신을 제대로 볼 수 없게 만드는 것은 무엇인가?

행복한 사명

하나님은 행복을 경험한 사람들에게 직분을 주셨다. 우리는 행복한 삶으로 변화된 복된 소식을 세상에 전해야 한다. 십자가는 행복한 장소다. 따라서 그리스도인은 십자가의 은혜를 입어야 하고, 보혈의 은총을 흘려보내야 한다.

Q. 행복으로 초대할 영혼들을 생각하며 작정기도를 해 보자.

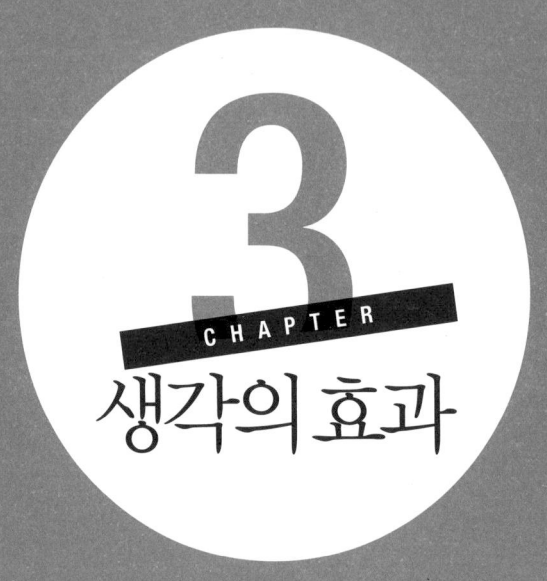

CHAPTER 3
생각의 효과

믿음의 생각 | 하늘의 생각 | 희망적인 생각

생각의효과

육신의 생각은 사망이요 영의 생각은 생명과 평안이니라_롬 8:6

시인 버질(Virgil)은 "사람이 무엇을 할 수 있는 것은 그가 할 수 있다고 생각하기 때문이다."라고 했다. 즉 행동은 생각에서부터 시작된다는 의미다. 버질의 말을 뒤집어 보면 사람이 무엇을 할 수 없다는 것은, 그것을 할 수 없다고 생각하기 때문일 것이다. 즉 사람의 가능성은 어떠한 환경이나 능력에서부터 시작된 것이 아니라, 그것에 대한 확신에서 시작된다. 그래서 블레이크(Blake)는 "하나의 생각이 무한한 공간을 채운다."고 했다. 이토록 우리의 생각이 갖는 힘은 무한하고 폭발력이 있다.

그렇다고 늘 긍정적인 의미에서만 해석되지 않는다. 긍정적인 생각이 우리의 삶 전체를 긍정적인 것으로 채울 수 있는 것처럼 부정적인 생각이 우리의 삶 전체를 부정적인 것으로 채울 수도 있다. 왜냐하면 마음속에 품은 생각은 겉으로 분명히 드러나기 때문이다. 일반적으로 생각은 행동을 낳고, 행동은 습관을 만들고, 습관이 쌓이면 성품이 되고, 성품은 그 사람의 인생을 결정한다. 따라서 인생을 변화시키기 위해서는 생각부터 달라져야 한다. 그럼 어떻게 해야 생각이 달라질 수 있는가? 그리고 어떤 생각을 소유해야 하는가?

:: **믿음의 생각**

사람을 사람답게 하는 것은 생각이다. 사람이 다른 동물과 구별되는 가장 큰 특징은 생각하고 말한다는 것이다. 동물에게는 생각하고 말하는 능력이 없다. 우리가 누리고 있는 문화와 예술은 인간의 생각으로부터 나온 것이다. 고래가 아무리 크고 힘이 세도 고래 세계에는 문명이 없고, 원숭이가 동물 가운데 가장 영리하더라도 과학을 할 수 없다. '생각하고 그것을 언어로 표현할 수 있다는 것'은 사람만이 할 수 있는 고유 영역이다.

고대 로마의 철학자 키케로는 "바로 생각하고 바로 행하라. 네 생각과 행함이 너를 만든다."고 했다. 우리가 바른 사람이 되기 위해서는 바른 생각을 해야 하고, 행복한 사람이 되기 위해서는 행복한 생각을 해야 한다. 각 분야에서 크게 성공한 사람들을 살펴보면 그들은 뛰어난 능력뿐만 아니라 성공하는 생각, 꿈을 잃지 않는 생각들을 가지고 있었다.

하나님이 창조하신 자연 세계에는 자연법칙이 있다. 이와 같이 만물에도 나름의 법칙이 있다. 성경에서도 죄와 사망의 법과 인간을 자유하게 하는 생명과 성령의 법이 있다고 말했다(롬 8:2). 따라서 지혜로운 사람은 하나님이 주신 믿음의 법칙을 배우고, 그 법칙에 따라 살아야 하는데 법칙 중에 중요한 것이 바로 생각이다. 질서에 따라 자연세계가 유지되듯 우리의 생각에 따라 어제, 오늘, 그리고 미래를 만든다.

> 육신의 생각은 사망이요 영의 생각은 생명과 평안이니라 육신의 생각은 하나님과 원수가 되나니 이는 하나님의 법에 굴복하지 아니할 뿐 아니라 할 수도 없음이라(롬 8:6~7)

이 말씀의 의미는 무엇인가? 육신의 생각은 우리를 죽이고 영의 생각은 우리의 인생을 살린다는 것이다. 미래를 성공적으로 바꾸고 인생을 긍정적으로 바꾸기 원한다면 무엇보다 우리의 생각을 바꿔야 한다. 생각의 변화를 통해 우리의 삶 또한 성공적인 삶으로 바꿔야 한다. 생각이 바뀌면 우리 자신이 바뀌며, 우리의 미래가 바뀐다. 우리의 삶은 우리의 생각에서 비롯한다.

> 마귀가 벌써 시몬의 아들 가룟 유다의 마음에 예수를 팔려는 생각을 넣었더라(요 13:2)

생각은 모든 것의 열쇠가 되기도 한다. 마귀가 가룟 유다를 흔들기 위해 가장 먼저 한 일은 바로 그의 생각에 변화를 준 것이다. 성공과 실패의 열쇠는 모두 생각으로 결정되기에 마귀는 늘 우리의 생각을 1차 공격 지점으로 정한다. 그러므로 우리는 생각함에 있어 늘 신중해야 하고 마귀가 우리의 생각을 조종하지 못하도록 깨어 있어야 한다. 우리가 방심하고 게을러 있을 때, 마귀는 바로 우리의 생각을 공격할 것이다.

불행을 행복으로, 미움을 사랑으로, 가난을 축복으로, 실패를 성공으로, 절망을 희망으로 바꾸는 생각을 해야 한다. 생각은 삶을 결정하는 데 결정적인 영향을 끼치기 때문이다. 불행해지느냐 행복해지느냐, 성공한 인생을 사느냐 실패한 인생을 사느냐는 생각의 차이에 따라 바뀐다. 그러므로 우리의 생각은 그 무엇보다 중요하다.

:: **하늘의 생각**

생각에는 가변성이 있다. 가변성은 변할 수 있는 특성인데, 생각 또한 변할 수 있으며 바꿀 수 있다. 어떤 사람의 처지를 가정해 보자.

그는 자기를 좋아하는 9명의 친구와 자신을 싫어하는 1명의 사람을 곁에 두고 있다. 그가 9명의 친구를 두고도 자신을 싫어하는 단 1명의 사람만을 생각하며 많은 시간을 괴로워하는 데에 쓴다면 얼마나 안타깝고 바보 같은 일인가? 그에게 중요한 것은 그를 행복하게 하는 9명의 친구다. 물론 자신을 싫어하는 그 사람을 바라보며 관계 회복을 위해 노력할 수는 있지만 '자신을 좋아하지 않는다.'는 그 사실에 마음 아파하며 많은 시간과 에너지를 버릴 수 없다.

많은 사람이 머리로는 잘 알고 있다고 하면서 막상 자신의 삶에서 똑같은 실수를 범하곤 한다. 우리는 하나님이 주신 말씀은 묵상하지 않은 채 원수를 시기하며 마음 아파하는 데에 시간을 흘려보내서는 안 된다. 말씀과 예수님을 바라보고 묵상하며 살아가야 한다. 그러기 위해서는 부정적인 것에 초점이 맞춰진 우리의 생각을 바꿔야 한다.

과자가 맛없게 구워졌다고 오븐을 탓하면 다음에 나오는 과자가 맛있게 구워지는 것은 아니다. 더 맛있는 과자를 먹기 위해서는 맛없는 과자에 집중하는 것이 아니라, 맛있는 과자를 먹을 수 있는 방법에 관해 생각하고 요리법을 바꾸기 위해 노력해야 한다. 이처럼 우리 삶에서도 부족한 환경 탓만 한다고 구질구질했던 인생이 바뀌지 않는다. 우리에게 주어진 환경 자체를 바꿔야 한다. 새로운 가능성의 씨앗들을 환경 속에서 찾아내야 한다. 마치 새로운 요리를 위해 요리법을 바꾸듯이 말이다.

성경은 변화된 사람들의 이야기다. 사울은 예수 그리스도를 대적하는 사람이었다. 당시 최고의 학문을 배운 소위 엘리트였던 그는 예루살렘 교회를 핍박했다. 그러던 그는 다메섹을 향해 가는 길에 큰 빛을 보게 됐고 예수님의 음성을 들었다. 그 사건을 통해 핍박자 사울은 생각을 바꾸고, 하나님의 사람이 됐다. 3년간 믿음의 훈련을 통해 핍박자 사울에서 복음자 바울로 변한 그는 말씀을 전파하는 하나님의 사람이 되었다. 그날 밤 하나님은 사울의 생각을 바꾸셨고, 그 변화된 생각은 그의 삶을 180도로 바꿨다.

이렇듯 생각을 바꿔야 한다. 망할 수밖에 없는 생각을 믿음의 생각으로, 육적인 생각을 영적인 생각으로, 패배하는 생각을 성공하는 생각으로 바꾸고 기억해야 한다. 인생을 지배하는 것은 운명도 환경도 아니다. 하나님을 믿고, 그 믿음의 생각으로 내 삶을 채울 때 비로소 우리의 미래는 변화할 것이다. 생각이 변하면 반드시 미래도 변한다. 대신 이 땅 위의 생각이 아닌 하늘의 생각을 소유해야 한다. 내 생각을 의지하지 말고, 범사에 하나님을 인정하고 나아가자. 그리하면 하나님이 우리를 들어 쓰실 것이다.

:: **희망적인 생각**

어떻게 우리의 생각을 바꿀 수 있을까? 심리학자들이 말하는 생각을 지배하는 법칙 가운데 '대체의 법칙(The Law of Substitution)'이 있다. 사람의 마음은 긍정적 생각이든 부정적 생각이든 한 번에 한 가지 생각만 하도록 되어 있다. 미움을 생각하는 동안 사랑을 생각할 수 없고, 용서와 사랑을 생각하는 동안 미움을 생각할 수 없다는 것이다. 그래서 부정적인 체질을 바꾸는 길은 긍정적인 생각을 지속적으로 하며 사는 것이다.

우리는 종종 좋은 생각을 하다 보면 마음에 나쁜 생각이 찾아오곤 한다. 그때 나쁜 생각과 맞서 싸우면 안 된다. 그 생각을 하지 않으려고 발버둥치지도 말아야 한다. 그러면 오히려 나쁜 생각의 덫에 걸려든다. 나쁜 생각을 무시하고 그 빈자리를 좋은 생각으로 채워 넣어야 한다. 이것이 대체의 법칙이다.

A. M. 닥센은 "인생은 정지되어 있지 않다. 생각을 바꾸지 않는 사람은 정신병원의 환자들이며, 바꾸지 못하는 사람은 무덤에 갇힌 자들이다."라고 했다. 인간이 생각을 바꿔야 하는 이유는 타락한 인간의 마음속에 미움과 분노, 공포와 불안, 슬픔과 좌절이 가득하기 때문이다. 우리의 몸과 마음은 비록 세상의 기준으로 정상일지 모르나 우리의 영은 무덤에 갇힌 병든 자의 모습을 하고 있다.

이토록 인간의 생각 자체가 영적으로 악한 모습을 띠는 이유는 아담이 범죄한 후 모든 인생이 죄악 가운데 태어났고 저주 아래 놓이게 되었기 때문이다. 인간은 하나님이 먹지 말라고 하신 선악과를 따먹었다. 그것은 하나님에 대한 불순종을 의미했다. 아담과 하와가 그 선악과를 따먹음으로써 인간 마음속에 죄가 들어왔고 악이 자리 잡게 되었다. 그 후 인간의 자손들은 악을 가진 상태로 태어나게 됐다.

인간은 부정적인 환경에서 태어나게 된다. 우리는 어릴 때부터 '죽겠다, 힘들다, 못한다, 안 된다, 할 수 없다'는 부정적인 말을 들으며 살아왔다. 신문, 뉴스, 드라마를 보아도 긍정적인 것보다 부정적인 것이 더 많다. 이것은 본래 악한 영을 지닌 인간의 모습이 투영된 결과며, 우리를 악한 것으로 지배하려는 사탄의 계략이다. 이처럼 우리 마음에는 불의와 추악, 탐욕과 악의, 시기와 분쟁, 사기와 악독이 가득하다. 서로를 비방하고 능욕하며 교만하고 악을 도모한다.

이런 온갖 부정적인 생각들을 바꾸지 않으면 하나님의 자녀된 삶을 살 수 없다. 인간의 생각은 하나님이 역사하는 그릇이다. 부정적인 생각을 가지고는 하나님의 역사를 볼 수 없다. 하나님이 쓰고 싶어도 쓸 수 없는 사람이 있다. 하나님이 복을 주셔도 받을 수 없는 사람이 있다. 바로 인간의 본성을 이기지 못한 채 악한 마음에 사로잡힌 인간이다.

따라서 우리는 믿음의 생각으로 악한 영들을 대체해야 한다. 믿음의 세계에서 대체의 법칙이란 무엇인가? 그것은 사탄이 주는 생각에는 문을 닫고, 늘 하나님의 방식대로 생각하는 것이다. 그러기 위해서는 말씀을 묵상하고, 영성 있는 예배, 기도와 찬양 그리고 제자훈련과 구역의 공동체로 땅을 정복하려는 큰마음을 품어야 한다. 그러면 우리의 구역 공동체에서 큰 비전의 사람이 나올 뿐만 아니라 믿음의 가문에서 위대한 사람이 나올 것이다.

절망적인 생각을 버리고, 크고 희망적인 생각을 받아들여야 한다. 더러운 생각을 버리고, 거룩하고 깨끗한 생각을 품어야 한다. 그러면 우리의 삶이 맑아질 것이다. 이렇게 부정적인 체질을 긍정적인 생각으로 대체했다면, 우리는 이미 복 받은 사람인 줄로 믿고 스스로 축복해야 한다.

하루에 한 번 이상 거울을 보고 자신에게 위와 같이 선포한다면, 우리는 창조적인 삶으로 변화할 것이다. 하나님은 우리를 통해 하나님의 비전을 이루기를 원하신다. 따라서 생각을 바꾸고 비전의 날개를 달아 높이 비상하자. 우리의 생각에 따라 새로운 비전과 새로운 세계가 열릴 것이다.

적극적이고
창조적인 생각

　적극적이고 창조적인 생각은 인격과 생활, 환경을 바꾼다. 미국 내셔널 풋볼 리그 시카고 베어스의 유명한 코치 조지 헬라스는 집과 사무실 벽에 언제나 다음과 같은 글귀를 적어 놓고 스스로 말했다. "잠자리에 들 때는 언제나 승리자가 되어 있어라." 얼마나 현명한 슬로건인가. 우리도 헬라스의 교훈처럼 소극적이고 부정적인 생각을 지닌 채 잠자리에 들지 말자. 잠 속에 빠져들면서도 앞으로 성공할 때의 일을 머릿속에 그려 보자. 인간이란 자기가 오랫동안 상상해 왔던 그대로의 인간이 되기 쉽다. 당신의 부정적인 생각을 버리고 창조적인 생각으로 바꿔라. 당신의 삶이 열릴 것이다.

[생각의 효과]

믿음의 생각

사람을 사람 되게 하는 것은 생각이다. 어떤 생각을 하느냐가 인생을 좌우한다. 선한 생각을 하면 선한 사람이 되지만, 악한 생각을 하면 악한 사람이 된다. 승리하는 인생을 살기 위해서는 올바른 생각을 가져야 한다. 긍정적인 믿음의 생각을 가져야 한다.

Q. 동물과 사람의 가장 큰 차이점이 무엇이라고 생각하는가?

하늘의 생각

생각은 바꿀 수 있다. 망할 수밖에 없는 생각을 믿음의 생각으로, 육적인 생각을 영적인 생각으로, 패배적인 생각을 성공적인 생각으로 바꿔야 한다. 하나님을 믿고, 하늘의 생각으로 내 삶을 채울 때 비로소 우리의 미래는 변화할 것이다.

Q. 생각이 인생에 어떤 영향을 미치는가? 생각은 어떤 결과를 낳게 하는가?

희망적인 생각

'대체의 법칙'에 따르면, 사람의 마음은 긍정적이든 부정적이든 한 번에 한 가지만 생각하도록 되어 있다고 한다. 부정적인 생각을 하지 않는 최상의 방법은 희망적인 생각을 하는 것이다. 우리 마음속을 예수님 생각으로 가득 채워라. 인생이 아름답게 변할 것이다.

Q. 대체의 법칙에 따라 당신이 바꾸어야 할 생각은 어떤 것들이 있는가?

CHAPTER 4
성숙한 성도

원수를 사랑하는 선 | 성경적인 선 | 악을 이기는 선

성숙한 성도

악에게 지지 말고 선으로 악을 이기라 _롬 12:21

영국의 법률가며 과학자인 프랜시스 베이컨(Francis Bacon)은 "사람에게는 태어날 때부터 손이 두 개밖에 없다. 그 이유는 한 손은 이웃을 돕고, 다른 한 손은 자기의 일을 해야 하기 때문이다."라고 했다. 즉 성도들은 예수님으로부터 이 세상에 파송된 사랑과 평화의 전달자다.

하지만 이 세상에 상존하는 불화와 갈등을 해소하고 예수님의 계절을 실현하기 위해서는 악을 자신의 대응 무기로 삼지 말아야 한다. 선인과 악인을 불문하고 모든 사람에게 그들의 안녕과 행복을 위해 기도해야 한다. 그러기 위해서 우리는 악을 무기 삼지 말고 선을 행하며 살아야 한다.

철학자 피타고라스는 "분노란 흔히 어리석음이나 경솔에서 시작하고 후회로 끝나기 쉽다. 분노란 언제나 저 끝에 가서 후회로 끝나는 것이요. 아무리 선한 목적이라도 내가 악해졌다면 나는 판정패한 것이다."라고 했다. 이처럼 악은 그 속성이 매우 복잡하여 결국 실패로 끝난다.

따라서 우리가 추구해야 할 것은 세상의 것이 아닌 하나님이 주시는 선이다. 성경은 선으로 악을 이기라고 권면한다. 이 말씀은 우리에게 큰 용기를 주기도 하지만 한편으로 우리를 두렵게 한다. 왜냐하면 그것은 말처럼 쉬운 일이 아니기 때문이다. 어떻게 선으로 악을 이기는 성숙한 성도의 삶을 살아갈 수 있는가?

:: **원수를 사랑하는 선**

영국의 시인 에이브러햄 카울리(Abraham Cowley)는 "완전한 사랑이란 모든 힘을 다 바치는 사랑을 의미한다."고 했다. 그리스도인에게 가장 위대한 사랑은 원수에 대한 사랑이다. 자신에게 고통을 가하고 핍박하는 사람을 사랑하는 일은 매우 어렵다. 하나님은 좋아하는 사람 100명을 사랑하는 사람보다 원수 한 사람을 제대로 사랑하는 사람에게 더 큰 상을 주신다.

우리를 기쁘게 하는 사람은 누구든지 사랑할 수 있지만 우리의 원수를 누가 사랑할 수 있겠는가? 이것은 예수님의 사랑이 아니면 불가능하다. 어떻게 핍박하는 사람을 미워하지 않고 오히려 축복의 기도를 할 수 있겠는가? 방법은 그 사람과 나의 관계로만 보지 않고 그 속에 존재하는 하나님과 나의 관계를 발견하는 것이다.

하나님은 내 안의 교만함이 빠져나가도록 악한 자를 사용하신다. 사실 예수님을 믿는 사람들은 불신자들에게 건방지게 보일 때가 많다. 그 이유는 그리스도인들은 불신자들과 다른 가치관과 사고방식으로 살아가고, 불신자들이 하는 일과 이야기에 동참하지 않으며, 불신자들과는 이질적인 삶을 살아가야 하기 때문이다. 그러한 이유로 불신자들이 그리스도인을 미워하고 핍박할 때가 많다.

한걸음 더 나아가 마귀는 아직도 이 세상을 자기 것으로 생각한다. 어떻게 해서든지 하나님을 믿는 사람들을 이 세상에서 없애려고 부단히 노력한다. 하나님의 역사가 임하는 교회들과 그리스도인들을 망하게 하려고 주야로 연구하는 마귀가 늘 눈여겨보는 사람이 있다. 바로 교만하고 그 속에 잘못된 열정이 가득한 사람이다. 이들은 하나님을 믿는다는 이유만으로 하나님의 백성을 괴롭히고 교회를 핍박한다. 그러면서 이 세상에서 하나님을 믿는 사람을 쫓아내는 것을 자신의 의무로 받아들인다.

그러나 그때 하나님을 바라보면 문제가 달라진다. 하나님은 이 사람을 통해 하나님의 사람들을 순수하게 하신다. 할 수 있는 대로 그리스도인들 마음속의 교만한 찌꺼기와 악한 습성들을 짜내서 결국에는 핍박하는 사람들로 인해 믿는 그리스도인들이 더욱 겸손하고 정직하게 하신다.

하나님은 우리에게 "네 원수를 사랑하라."고 말씀하신다(마 5:43). 그러므로 우리는 오히려 이런 사람들을 불쌍히 여겨야 한다. 그리고 사랑으로 감싸 주어야 한다. 지금이라도 정신을 차리고 악역을 버리도록 해야 한다. 그들을 위해 기도해야 한다. 이것이 하나님을 믿는 자녀들의 성숙한 삶이다.

:: 성경적인 선

현실은 거짓과 술수로 가득해서 우리가 선을 행하며 온전히 살아가기에 너무나 힘들다. 이런 현실에서 어떻게 선이 악을 이길 수 있는가? 이렇게 폭력이 많은 시대에서 선을 행하는 것이 정말 가능한가?

기독교가 말하는 선은 수동적이고 미약한 착함이 아니라 온 우주를 감싸는 강력하고 능동적인 힘이다. 그것은 하나님에게 속해 있으며 하나님의 뜻과 일치하는 선, 하나님의 공의와 사랑에 기초하는 선이다. 이러한 선으로 악을 이겨야 한다. 선은 악을 이길 만한 힘이기 때문이다.

이제 우리는 담대한 용기와 선과 악을 구별할 수 있는 분별력을 가져야 한다. 바울은 성경에서 이렇게 말했다.

> 마음을 새롭게 함으로 변화를 받아 하나님의 선하시고 기뻐하시고 온전하신 뜻이 무엇인지 분별하도록 하라(요 12:2)

오늘날 우리는 절대 선도, 절대 악도 없다고 하는 포스트모더니즘(postmodernism) 시대 속에 살고 있다. 그렇기 때문에 선과 악을 구별하는 것이 점점 어려워진다. 이때 분명하게 생각해야 할 것은, 하나님은 상대화할 수가 없는 분이라는 것이다.

하나님은 상대적인 비교 대상이 아닌 절대자다. 하나님조차 상대화하게 되면 우리가 서 있을 수 있는 모든 기반이 무너지게 된다. 그런 점에서 예수님을 믿는 사람은 하나님 말씀에 기초하여 이것이 악인지 선인지 구별할 줄 아는 능력을 갖춰야 한다. 여기에 기본적인 전제가 있다. 악은 누가 무엇이라고 해도 악이다. 선은 누가 무엇이라고 해도 선이다. 이런 분명한 판단이 있어야 한다. 악한 것 자체에서 결과적으로 선함이 나왔다고 해서 그 악한 것이 선이 될 수는 없다. 그래서 늘 하나님 앞에 서기를 원하는 사람 그리고 하나님의 뜻을 위해서 선과 악을 구별하는 모습이 소중한 것이다.

성경에서 말씀하는 선이란 무엇인가? 시모가 시모를 용납하는 참다운 사랑과 인격적인 관계를 세워 나가는 것이다. 이렇게 살아갈 때 선으로 악을 이기는 승리의 삶을 살 수 있다. 그것은 그리스도를 따르는 모든 사람의 삶이어야 한다. 예수님이 선으로 악을 이기셨듯이 말이다. 예수님은 원수가 주릴 때 먹이고 목마를 때 마시게 하는 참된 선의 모습을 보여 주셨다. 자기를 때리고 침 뱉고 십자가에 못 박는 자들을 위해서 기도하셨다.

> 아버지 저들을 사하여 주옵소서 자기들이 하는 것을 알지 못함이니이다(눅 23:34)

예수님은 선으로 악을 이기셨고 사랑으로 승리하셨다. 따라서 예수님을 따르는 제자들은 그 모습을 본받아 선으로 악을 이겨야 한다. 사랑으로 승리해야 한다.

혹여 지금 악에게 지고 있지는 않은가? 먼저 서로 용납하는 참다운 사랑과 인격적인 관계를 세워 나가자. 성경 속에 기록된 선을 찾자. 그리고 그것을 붙잡고 나아가자. 세상 속에서 예수님의 참된 선을 실천하자. 그렇게 살아갈 때 우리의 삶에서 악한 것들이 조금씩 사라지고 참다운 사랑과 인격적인 관계만 남게 될 것이다. 그것이 선으로 악을 이기는 길이다.

:: 악을 이기는 선

선은 꽃을 다시 피우게 한다. 이것을 보여 준 이가 바로 예수님이다. 예수님이 십자가에 못 박히실 때 세상 사람들은 '저것 보라 선을 행해 보았자 십자가에 죽는 것이다. 그리고 사람들에게 조롱을 받게 되고 남는 것은 고난이요, 고통이요, 마지막에는 죽음에 이르는 길이다.'라고 손가락질했다.

부활의 역사를 상상할 수 없었던 그들에게는 그 생각이 옳다고 느껴졌는지도 모른다. 기독교에 부활이 없었다면 선한 일을 많이 하는 도덕적인 종교로 끝나 버릴 수도 있었다. 기독교에게 영원한 생명이 없다면, 이 땅 위에서 고통받고 마음속으로 슬퍼하는 사람들에게는 더 이상의 해결책이 남아 있지 않았을 것이다.

예수님이 죽음의 현장에서 부활하셨을 때 선은 다시 꽃을 피웠다. 그리고 하나님의 놀라운 진리의 역사가 승리한다는 사실을 보여 주었다. 혹여 우리가 이 땅 위에서 그 승리의 기쁨을 다 누리지 못할 수도 있다. 그러나 〈요한계시록〉을 보면 하나님이 우리가 흘린 눈물을 친히 닦아 주신다고 말씀하셨다. 그리고 하나님의 영광된 자리 속에서 승리의 찬가를 부를 수 있도록 초청해 주신다고 약속하셨다.

성경은 진리와 선을 지키는 일은, 힘들고 고되며 때로는 십자가에 달리는 고난의 길도 가야 한다고 말한다. 그렇기 때문에 우리에겐 인내, 침묵, 눈물이 필요할지도 모른다. 그러나 하나님이 예수님을 통해 보여 주신 선은 하나님이 동행하심으로 인해 승리함을 의미한다. 영원한 생명을 통해서 승리하게 하신다.

선을 행하되 낙심하지 말지니 피곤하지 아니하면 때가 이루매 거두리라 (갈 6:9)

이 땅 위에 살면서 너무 한 맺힌 삶을 살지 말자. 하나님이 살아 계시고 내가 살아 있다는 것만으로도 하나님 앞에 감사하면서 살자. 어떤 고난을 당할 때 그것 때문에 너무 낙망하지 말자. 우리가 붙잡고 있는 선은 무기력하다고 절망하지 말자. 진리를 따라가면 손해를 본다고 슬퍼하지 말자.

대신 하나님의 살아 계심과 놀라운 부활을 믿고 나아가자. 2천 년이 지난 지금까지 이렇게 많은 사람이 예수님 안에서 새로운 능력과 진리와 선을 향해 달려가는 모습들을 보면서 기뻐하자. 영원한 생명을 주신 하나님을 찬양하자. 그리고 악에게 지지 말고 선으로 악을 이기는 하나님의 사람들이 되자.

우리는 하나님의 자녀다. 세상 사람들이 두 눈 뜨고 주목하고 있는 사람이다. 따라서 항상 성경에 기록된 선을 쫓아야 한다. 선을 사모하고, 선한 삶을 살아야 한다. 그리고 마침내 선으로 악을 이기는 성숙한 그리스도인이 되어야 한다. 선은 다시 이 땅에서 우리를 통해 꽃

피울 수 있을 것이다. 우리의 삶을 통해 이 땅에 선으로 악을 이기는 새로운 승리의 역사가 나타나게 될 것이다.

　우리는 이런 선의 꽃을 날마다 피우고 있는가? 선의 꽃망울에 싹이 나고 있는가?

원수까지도 사랑하는 선

아들 셋을 둔 부자 아버지가 가장 선한 일을 한 아들에게 가보를 주겠다고 약속했다. 첫째가 자신이 행한 선을 보고했다. "물에 빠진 어린이를 구해 주었습니다." "그래 참 좋은 일을 했구나." 둘째가 보고했다. "모닥불 속으로 기어 들어가는 아이를 살렸습니다." "너도 좋은 일을 했다." 셋째는 "낭떠러지에 매달린 원수를 구해 주었습니다."라고 말했다. 그러자 아버지는 "원수를 사랑하는 것이 가장 큰 선이다."라며 가문의 가보를 셋째에게 주었다. 당신은 원수까지도 사랑할 수 있는가? 선은 말로만 하는 것이 아니다. 선은 꽃을 피우게 하는 능력이다.

[성숙한 성도]

원수를 사랑하는 선
나를 미워하고 해치려는 원수를 사랑하는 것은 결코 쉬운 일이 아니다. 그러나 그리스도인은 원수 같은 사람을 사랑하고 축복해야 한다. 원수 사랑은 하나님을 믿는 자녀들이 지녀야 할 성숙한 삶의 모습이다. 그리스도인의 가장 위대한 사랑은 원수를 사랑하는 것이다.

Q. 원수를 사랑하는 것이 왜 가장 위대한 사랑인가?

성경적인 선
성경에서 말하는 선은 수동적이지 않고 능동적이다. 성경적인 선은 서로 용납하는 참다운 사랑과 인격적인 관계를 세워 나가는 것이다. 그리스도께서 선으로 악을 이기신 것처럼 그리스도인 역시 선으로 악을 이기는 삶을 살아야 한다.

Q. 악이 도전해 올 때 당신은 어떻게 대응할 것인가?

악을 이기는 선
예수님은 부활을 통해서 선은 마침내 꽃을 피울 수 있음을 보여 주셨다. 예수님이 십자가 죽음의 현장에서 부활하셨을 때 선은 꽃을 피우게 된다. 다시 살아나신 예수님을 통해 선은 악을 이기며 악보다 더 강한 것임이 입증되었다.

Q. 선을 행하다가 낙심하지 말아야 할 이유는 어디에 있는가?

CHAPTER 5
복음의 핵심

죽음의 확실성 | 부활의 실제성 | 죽음과 부활

복음의 핵심

장사 지낸 바 되셨다가 성경대로 사흘 만에 다시 살아나사_고전 15:4

신학자 칼 바르트(Karl Barth)는 "인간들의 최후 목표는 죽음이 아니라 부활이다."라고 했다. 영국의 시인 콜리지(Coleridge)는 "죽음은 회복된다. 우리의 죽음은 구속자의 생명 안에 있기 때문이다. 우리는 마침내 그분의 영광 중에 드러나게 될 것이다."라고 했다. 이렇듯 주의 종들은 죽음을 극복하고 영원한 생명을 얻게 된다. 물론 이러한 영생이 거저 얻어지는 것은 아니다.

뱀의 유혹으로 아담과 하와가 선악과를 따먹었을 때 사탄은 쾌재를 불렀다. 온 땅을 죽음의 저주로 덮을 수 있기 때문이다. 가인이 동생 아벨을 난폭히게 죽였을 때도 사탄은 환호성을 질렀다. 죽음의 지주가 역사했기 때문이다. 또한 라멕이 연쇄살인을 저질렀을 때도 사탄은 힘찬 박수를 보냈다. 세상에 죽음의 저주가 신속하게 확산되어 가고 있었기 때문이다.

이렇게 죄악이 가득하여 하나님이 홍수로 세상을 쓸어버리자 사탄은 오히려 오른손을 불끈 쥐고 높이 쳐들며 판정승을 자축했다. 마치 하나님이 죽음의 권세 앞에 스스로 굴복한 것처럼 보였기 때문이다. 이제 죽음의 권세가 온 세상을 완전히 장악한 것으로 여긴 사탄은 흐뭇해하며 외쳤을 것이다. "보라! 온 땅은 저주의 땅이 되었다."

그러나 십자가에서 흘린 예수님의 피가 사탄의 계략을 무너뜨렸다. 그뿐 아니라 3일 후 예수님이 부활하시는 우주 최대의 드라마가 연출됐다. 그렇게 예수님은 죽음의 권세를 이기고 부활하셨다. 그를 가두었던 무덤 문을 열고 살아나셔서 우리가 마땅히 받아야 할 죽음을 영생으로 회복시켜 주셨다. 그리스도인들은 부활의 확신을 가져야 한다. 우리에겐 죽음이 끝이 아니다. 죽음을 넘어서는 영원한 생명의 삶이 펼쳐진다. 따라서 우리는 이곳의 삶에서도 날마다 새롭게 태어나는 부활의 삶을 살아가야 한다.

:: **죽음의 확실성**

죽음을 앞둔 환자가 말했다. "나는 내 일생에 죽음을 제외한 모든 것을 예비해 왔다. 그런데 슬프게도 지금 내가 준비하지 못한 죽음이 찾아왔다." 우리가 살아가는 지구상에서 벌어지는 모든 사건은 불확실하다. 우리는 한 치 앞도 확신할 수 없다. 그런데 확실한 사실이 하나 있다. 그것은 바로 '우리 인간이 이 세상에 태어났듯이 이 세상에서 죽을 것이라는 점'이다.

인생을 살아가고 있다는 말은 죽음과 가까워지고 있다는 말의 다른 표현이다. 살면서 많은 문제를 겪지만 죽음의 종착역에 가 보면 인간에게 주어지는 문제는 단 한 가지, 바로 죽음이다. 죽음을 앞둔 사람들에게는 아무리 중요한 이야기도 크게 느껴지지 않는다.

암으로 투병 생활을 하며 생사를 다투던 사람을 만났다고 가정해 보자. 그 사람에게 무슨 이야기를 하면 그의 귀가 솔깃해질 수 있을까? 한 나라의 대통령이 선출되는 이야기일까? 풀기 힘든 북핵 문제가 그 사람에게 중요한 이야기일까? 분명 아닐 것이다. 죽음을 맞이하고 있는 사람에게 가장 중요한 이야기는 죽음과 생명의 이야기다.

신학자 성 어거스틴은 "이 세계 모든 것이 불확실하지만 죽음만은 확실하다."고 했다. 죽음을 피해 보고자 인간은 갖가지 헛된 시도를 해 왔다. 생명을 연장할 수 있다면 무엇이든 해 보겠다는 생각이다. 그래서 일찍이 한무제는 장생불사하겠다며 승로반에 이슬을 받아 먹고 살았다. 진시황은 불사약을 구하기 위해 동방 삼신산에 동남동녀 500명을 보냈다. 그러나 죽지 않기 위해 최선을 다했던 진시황도 결국 죽었다.

진시황이 갖지 못했던 영생의 비밀은 예수님에게 있다. 예수님은 이미 죽음의 문제를 해결하셨다. 예수님은 부활을 통해 그를 믿는 모든 사람들의 공포를 지우셨고, 죽음을 영생으로 바꾸셨다. 이것이 예수님 안에서 누리는 가장 행복한 회복이다. 예수님만이 할 수 있는 신적 변화다. 모든 죽음의 저주와 권세는 떠났다. 예수님은 부활하시고 이로 말미암아 우리는 영생을 얻었다. 예수님은 직접 부활의 첫 열매가 되셨고, 그를 믿고 따르는 자들에게 영생과 부활을 약속하셨다. 그 약속을 믿고 나아가는 사람들에게는 부활의 축복이 허락됐다.

인간은 죽을 수밖에 없다. 모든 인간은 죄로 말미암아 죽음 앞에 무릎을 꿇어야 한다. 오직 예수님만이 죽음의 정체를 아시고 사망의 권세를 이기셨다. 이 소식이 얼마나 힘이 되고 능력이 되는가?

죽음에 관한 확실한 사실이 두 가지 있다. 첫 번째 우리는 모두 죽는다는 것이다. 인간의 몸으로 태어난 이상 언젠가 죽을 수밖에 없다. 두 번째 그 죽음을 뛰어넘는 길이 있다는 것이다. 그 길은 예수 그리스도의 십자가와 부활에 대한 확신이다. 따라서 우리의 죽음은 삶의 종착역이 아니라 십자가의 은혜로 영원한 삶을 누리게 될 것이다.

:: **부활의 실제성**

찰스 H. 스펄전(Charles H. Spurgeon) 목사는 "그리스도 안에서 잠자는 자들은 마지막 날에 다시 깰 것이다. 아버지의 힘차고 부드러운 음성이 그들을 일으킬 것이다. 그들은 넘치는 건강과 힘으로 깨어나게 될 것이다. 그리고 그들은 새 의복을 입을 것이며 다시는 잠들지 않을 것이다."라고 했다. 부활은 실제다. 모든 인간에게 죽음이 확실하듯이 성도들에게 부활 또한 확실하고 실제적이다.

그러나 부활에 대한 몇 가지 오해가 있다. 첫째는 부활을 자연 현상의 일부로 이해하는 것이다. 부활을 겨우내 메마른 땅에서 새싹이 돋아나듯 여긴다. 부활은 삶의 과정 중 일부가 아니다.

둘째는 부활을 톨스토이의 부활처럼 정신 속에 살아 있는 부활, 즉 관념적인 것으로 이해하는 것이다. 이런 사상도 잘못된 것이다. 부활을 관념적으로 이해해서는 안 된다. 부활은 생각 속에서 일어난 것이 아니라 실제로 사람들의 눈앞에서 사망의 무덤을 활짝 열고 나온 역사적인 사건이다. 그러므로 부활을 환생이나 소생 정도로 생각하는 것도 잘못이다.

성경에는 죽었다 다시 살아난 사람들의 이야기가 여러 곳에서 기록되어 있다. 열왕기하 4장에 나오는 수넴 여인의 아들은 죽었다가 엘리사의 기도로 다시 살아났다. 또한 나인 성 과부의 독자가 죽었는데 예수님이 다가가 "청년아 내가 네게 말하노니 일어나라." 하시매 죽었던 과부의 독자가 일어나 앉아 말을 하게 되었다. 그리고 회당장 야이로의 열두 살 된 외딸이 죽어 모든 사람이 통곡할 때 예수님은

"울지 말라 죽은 것이 아니라 잔다."고 하시며 이어 "아이야 일어나라." 하니 아이가 일어났다. 베다니에 사는 나사로는 죽은 지 나흘이 되어 무덤에 들어가 냄새가 나는데 예수님은 큰 소리로 "나사로야 나오라." 부르시니 수족을 베로 동이고 얼굴은 수건에 싸인 채로 나왔다. 바울이 드로아에서 설교하는데 밤중까지 설교하니까 유두고라는 청년이 창에 걸터앉아 깊이 졸다 3층에서 떨어져 죽었다. 그러자 바울이 그 청년을 살렸다.

모두 놀라운 일이고 귀한 일이다. 그런데 성경은 이들이 다시 살아난 것에 대해 '부활'이라는 말을 전혀 쓰지 않았다. 성경은 예수님이 다시 살아나신 일에 대해 이야기할 때만 부활이라는 말을 썼다. 다른 사람들은 모두 소생했다가 다시 죽은 것이다. 반면 예수님은 살아나셨고 다시는 죽지 아니하셨다. 이것이 부활이다.

기독교 복음은 여기서부터 시작된다. 이것이 복음의 핵심이다. 성경은 추상적이고 관념적인 부활 논쟁을 허용하지 않는다. 부활이 사실이냐 아니냐를 논하지 않는다는 것이다. 또한 부활의 합리성이나 형태에 대해서도 설명하지 않고 오히려 너무나도 단순하게 표현하고 있다. 예수님이 십자가에 달려 돌아가실 때 우리도 죽었다. 예수님이 부활하셨을 때 우리에게도 부활의 기회가 주어진 것이다. 이 죽음과 부활의 신비를 모르면 행복한 믿음의 회복을 경험할 수 없다.

우리는 매일 부활의 능력과 부활의 신앙으로 살아가야 한다. 신앙인의 능력은 바로 부활 신앙에 있다. 이 부활의 축복을 인생에서 가장 큰 선물로 받아들여야 한다. 그래서 토머스 왓슨(Thomas Watson)은 "아침에 침대에서 일어나는 것보다 부활 때 무덤에서 일어날 것을 더 분명하게 확신해야 한다."고 했다. 예수님의 부활은 역사적 사실이요, 진리다. 우리의 부활 역시 실제다.

:: 죽음과 부활

파스칼(Pascal)은 "나는 하나님의 만물 창조를 믿는 이상 예수님의 부활과 그의 처녀 탄생도 의심하지 않고 믿는다."고 했다. 예수님의 부활은 이 땅의 모든 죽음의 저주를 영광으로 바꾸셨다는 깊은 뜻이 있다. 예수님은 당신의 죽음을 통해 우리에게 생명을 주셨다. 예수님의 십자가를 부활의 역사로 바꾼 사건은 역사상 가장 극적인 회복의 순간이다. 이 사건에 우리가 경험하고자 하는 영적 변화와 믿음 회복의 근거가 있다.

예수님은 우리가 주님 안에서 행복한 믿음의 회복을 경험하기 원하신다. 이것이 기독교의 핵심이다. 예수님의 탄생 자체가 기독교의 핵심은 아니다. 예수님이 태어날 때 천군 천사가 노래하고 하늘의 별이 움직였다. 역사상 단 한 번 동정녀 몸에서 아기가 탄생했다. 이 얼마나 대단한 사건인가? 하지만 이 놀라운 성탄의 사건이 기독교 복음의 핵심은 아니다.

　예수님의 가르침과 교훈, 당시 많은 국가의 헌법 기초가 된 모세오경과 십계명, 모든 성인을 감동시킨 산상보훈. 이것들은 얼마나 놀라운 메시지인가? 하지만 이것들 역시 기독교 복음의 핵심은 아니다. 그럼 예수님이 행하신 기적들이 기독교의 핵심인가? 병든 자를 고치고, 바람과 풍랑을 잔잔하게 하시고, 보리떡 몇 개로 5,000명을 먹였던 기적들은 얼마나 신비한 능력인가. 인류 역사에 누가 감히 예수님의 기적을 흉내라도 낼 수 있겠는가? 그러나 예수님의 기적과 사역들 또한 복음의 핵심이 아니다.

　기독교 복음의 핵심은 오직 십자가와 부활이다. 그래서 사도 요한은 단 일주일간의 짤막한 시간 내에 있었던 사건을 기록하는 것에 그는 복음서 절반을 할애했다. 그의 모든 복음서와 서신들에 이 하루 이틀 사이에 있었던 십자가와 부활을 기록하고 전하는 데 모든 열정을 쏟은 것이다.

　그래서 기독교 역사상 최고의 회복 사건은 예수님이 십자가를 부활로 바꾼 것이다. 우리의 죽음을 영원한 생명으로 바꾼 것이다. 그래서 20세기 신학계의 거장 칼 바르트는 "부활의 메시지는 짧을수록 좋다. 왜냐하면 부활은 사실이기 때문이다. 성경은 역사적 사실을 구차하게 증명하려고 하거나 변증하려 하지 않았다. 단순하게 선포하며 믿고 살라고 선언했을 뿐이다."라고 했다.

그런 면에서 예수님의 죽으심은 우주적 승리가 됐다. 예수님의 십자가가 없었으면 모든 죄인인 우리는 죄의 결과로 말미암아 죽음의 종노릇을 하며 살아야 했을 것이다. 우리에게 죽음은 삶의 마지막이 됐어야 했다. 그러나 예수님은 죽음을 이기고 부활하셨다. 죄와 죽음이 예수님 안에서 불타 버렸다. 예수님이 십자가에서 내 저주를 불태워 버린 것이다. 그래서 저주가 더 이상 나를 삼킬 수 없고 죄의 권세가 더 이상 나를 사를 수 없다. 내 죽음의 문제를 해결하셨고, 내게 영생을 주셨기 때문이다. 또한 내게 하나님의 자녀가 되는 권세를 주셨다. 이 얼마나 행복한 믿음의 회복인가? 그러므로 우리는 죽음의 권세가 부활의 능력으로 바꾸는 인생이 되었다는 것을 확실히 믿고, 날마다 주 안에서 승리하는 삶을 살아가야 한다.

죽음을 이기는
소망

　평생을 고결한 성품을 유지하며 교육에 몸 바친 스승이 죽음을 앞두고 제자들을 맞았다. 크게 슬퍼하는 제자들에게 스승은 미소를 띠며 말했다. "슬퍼하지 마라. 가치 있는 죽음은 삶에 의미와 사랑을 부여한다는 것을 모르느냐?" "그러나 저희는 선생님께서 언제나 살아 계셔서 저희를 지켜 주시기를 원하고 있습니다." 제자들이 침통한 어조로 말하자 스승은 대답했다. "참으로 살아 있는 것은 죽어야 한다. 그래야 많은 열매를 맺는다. 꽃들을 보아라. 플라스틱 꽃만이 죽는 법이 없다." 부활의 역동성을 믿는가? 죽음 뒤에는 다시 피는 부활의 소망이 있다. 그래서 그리스도인들은 죽음을 이기는 것이다.

[복음의 핵심]

죽음의 확실성

죽음에 관한 불변의 진리는 '모든 사람은 확실하게 죽는다.'는 사실이다. 그 누구도 죽음을 피할 수 없다. 죽음이라는 비극적인 운명을 져야 할 인간에게 유일한 소망은 죽음을 이기고 부활하신 예수 그리스도를 바라보는 것이다.

Q. 죽음을 떠올리면 어떤 생각이 드는가? 죽음의 두려움을 어떻게 극복할 수 있는가?

부활의 실제성

모든 인간에게 죽음이 확실하고 실제적이듯 부활 또한 실제적이다. 예수님이 부활하셨듯이 우리도 부활하게 될 것이다. 예수님이 죽음을 부활로 바꾸신 것은 부활의 첫 열매가 되시기 위함이다. 예수님의 부활은 역사적인 사실이요, 진리다.

Q. 부활을 의심하는 사람에게 부활을 어떻게 설명하겠는가?

죽음과 부활

예수님은 죽음을 이기고 부활하셨다. 죄와 죽음이 예수님 안에서 불타 버렸다. 예수님은 우리의 죽음을 생명으로 바꾸셨다. 기독교의 핵심은 오직 십자가와 부활이다. 믿음의 회복 중 최고의 변화는 죽음을 영생으로 바꾼 것이다.

Q. 왜 십자가와 부활이 기독교 복음의 핵심인가?

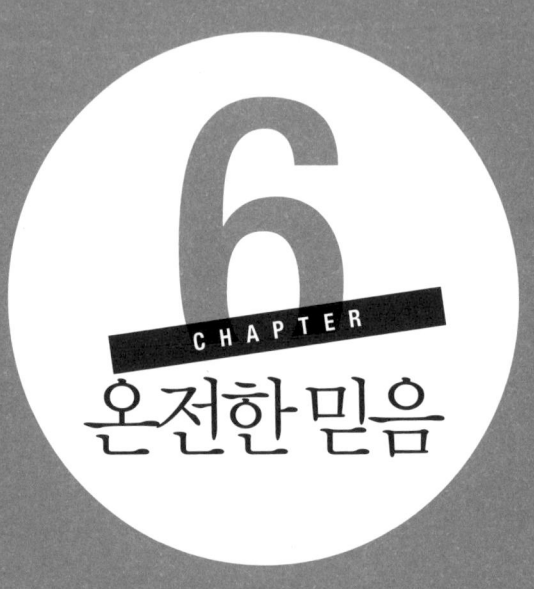

CHAPTER 6
온전한 믿음

그릇된 믿음 | 올바른 믿음 | 성장하는 믿음

온전한 믿음

믿음은 바라는 것들의 실상이요 보이지 않는 것들의 증거니_히 11:1

미국의 선교사 셔우드 에디(Sherwood Eddy)는 "기독교는 불가능한 것을 믿는 종교가 아니라 믿을 수 없는 일을 행하는 종교다."라고 했다. 기독교는 믿음의 종교다. 믿음은 성경에서 가장 중요하게 여기는 핵심 주제요, 성도의 구원을 이루는 가장 필수적인 신앙 덕목이다. 그리스도인의 믿음은 단순히 지식적으로 알아 믿는 것이 아니라 신앙생활을 수반한 믿음을 가리킨다.

기독교는 이성의 종교가 아니다. 물론 우리가 신앙생활을 하면서 이성이 필요하지만 얕은 이성이 믿음을 방해할 때가 있기 때문이다. 그래서 이성을 경계해야 한다. 신앙생활을 하면서 기적을 믿지 않고, 하나님의 전능하심을 믿지 못한다면 신앙의 핵심이 빠진 것이다. 신앙인은 믿음을 가진 사람을 뜻한다. 따라서 우리에게 믿음이 없다면 우리는 스스로 신앙인이라 할 수 없다.

겨자씨만한 믿음이 있으면 산을 옮길 수 있다(마 17:20)

여기서 말하는 산은 인생의 문제와 환경 그리고 인생의 한계를 의미한다. 겨자씨만한 작은 믿음이 있다면 그것만으로도 인생의 한계를 뛰어넘을 수 있다는 의미다. 하물며 우리에겐 겨자씨보다 훨씬 큰 믿음이 있는데 어찌 큰일을 행하지 않을 수 있겠는가?

우리는 왜 하나님이 주신 그 엄청난 믿음을 사용하지 않는가? 우리에게는 이미 태산을 옮길 수 있는 믿음이 있다. 이 믿음은 사용할수록 커지며 인생의 그릇 역시 커진다. 멋진 인생으로 승리하며 살 수 있기를 믿고 기대하라.

:: **그릇된 믿음**

만약 삶에서 어떤 희망도 보이지 않는 상황에 부딪힌다면 어떻게 하겠는가? 많은 사람이 이런 상황에 맞닥뜨리면 믿음을 시인했어도 믿음으로 행동하지 않는다. 왜 그런가? 나의 삶을 지배하는 것은 강한 믿음이 아니라 세상과 우리를 둘러싸고 있는 환경이기 때문이다.

우리가 절망의 상황에서 가장 먼저 하는 것은 문제를 보는 것이다. 나의 환경을 바라보며 인간적인 해결책을 먼저 생각한다. '하나님이 우리 삶의 주인이십니다.'라고 열심히 외치지만, 막상 문제가 생기면 하나님을 생각하지 않는다. 우리가 생각하고 행동하는 범위는 세상의 울타리를 벗어날 수 없다.

요즘 신문이나 방송을 보면 사람들이 비참하게 죽었다는 이야기가 넘쳐난다. 지도층 인사들의 부정부패 소식, 정권의 탐욕으로 이글거리는 정당 이야기로 가득 차 있다. 그러나 분열된 교회가 사랑으로 회복되고 하나님의 사람들이 눈물로 하나님 나라의 복음을 전하다 기적을 체험했다는 이야기는 찾아보기 힘들다. 지진과 홍수 등의 자연재해로 몸살을 앓고 있는 지구촌 소식뿐이다. 많은 사람이 세상의 한계 속에서 살아가고 있다. 하지만 이런 때일수록 믿음의 자녀들은 이렇게 외쳐야 한다.

"아닙니다. 그것이 전부는 아닙니다. 이 세상과 환경을 지배하고 바꾸는 힘이 있습니다. 우리에겐 하나님이 계십니다. 믿음의 세계가 있습니다."

하나님을 믿지 않는 세상 사람들에게도 그들만의 믿음이 있다. 생각하는 인간에게는 각자의 믿음이 있다. 사람들이 차를 몰고 한강대교를 건널 때 그들이 음악을 들으며 노래를 부를 수 있는 이유는 지금 건너고 있는 다리가 무너지지 않을 것이라는 믿음이 있기 때문이다.

미국에 한 번도 가 보지 않은 사람들이 태평양 어딘가에 미국이라는 땅이 있다고 믿는 이유는 미국을 다녀와서 글로 기록한 이야기를 믿기 때문이다. 우리는 그 사실에 대해 한 번도 의심해 본 적이 없다.

그러나 그것들은 하나님의 자녀들이 가져야 할 믿음의 전부가 아니다. 세상에서 통용되고 있는 것들에 대한 믿음보다 더 큰 것이다. 바로 이 세상을 창조하신 하나님의 질서와 말씀이다. 하지만 교회를 다니는 많은 사람이 세상의 믿음만 가지고 살아갈 때가 많다. 교회에 나와 머리를 숙이며 기도하지만 그 마음속에 하나님 말씀에 대한 믿음이 없다. 결국 우리는 전능하신 하나님을 믿는 참된 믿음을 소유해야 한다. 그 믿음은 우리 삶의 전부며, 삶을 이끄는 유일한 원동력이기 때문이다.

더불어 온전한 믿음을 소유해야 한다. 세상의 기준에 따른 믿음이 아니라 예수님의 믿음으로 변해야 한다. 나의 판단이 세상과 환경에 의한 것이었다면 이제부터는 말씀에 의거한 믿음으로 변해야 한다. 잘못된 믿음의 행동들을 내려놓고 예수님의 믿음으로 돌아와서 그 믿음을 붙잡아야 한다.

:: 올바른 믿음

올바른 믿음이란 무엇인가? 독일의 철학자며 신학자인 슐라이어

마허(Schleiemacher)의 말을 빌리면 '올바른 믿음'이란 인간이 자신의 유한한 힘을 깨닫고 절대자인 하나님의 품에 전적으로 의지하는 것을 의미한다. 올바른 믿음은 이성적인 판단에 기대는 것이 아니라 하나님을 절대적으로 의지하는 것이며 하나님의 전지전능하심을 믿는 것이다.

구원으로 가는 길은 하나님을 통하는 방법 외에는 없다. 우리가 가진 그 어떤 재물이나 명예로도 구원받을 수 없다. 하나님 앞에 바로 서서 그분을 온전히 믿고 사모할 때만이 구원받을 수 있다. 성경 곳곳에는 우리가 하나님을 온전히 믿고 따를 때에 큰 능력을 부어 주신다고 말씀하고 있다.

> 네 믿음이 크도다 네 소원대로 되리라(마 15:28)

> 만일 너희가 믿음이 있고 의심하지 아니하면 이 산더러 들려 바다에 던져지라 하여도 될 것이요(마 21:21)

> 할 수 있거든이 무슨 말이냐 믿는 자에게는 능히 하지 못할 일이 없느니라(막 9:23)

믿음은 삶의 원동력이요, 기초다. 하나님은 믿음 있는 자를 찾으시고 그에게 표적과 기사를 보여 주신다. 그 기적의 역사를 체험한 자는 자신의 환경과 한계를 초월하는 힘을 발휘할 수 있다. 《너의 하나님은 너무 작다》라는 책에 이런 말이 있다. "네 인생의 크기는 네가 믿는 하나님의 크기에 따라 결정된다."

우리는 얼마나 크신 하나님을 믿는가? 인생은 어떤 환경에서 태어났느냐, 얼마나 좋은 조건으로 출발했느냐, 어떤 사람인가에 따라 결정되는 것이 아니다. 오직 우리와 함께하는 하나님이 얼마나 크신 분인가에 따라 결정된다. 양치기 가정에서 막내로 태어나 목동 생활을 하다 이스라엘 통일 왕국의 임금이 된 다윗은 하나님에 대해 이렇게 고백한다.

> 부와 귀가 주께로 말미암고 또 주는 만물의 주재가 되사 손에 권세와 능력이 있사오니 모든 사람을 크게 하심과 강하게 하심이 주의 손에 있나이다(대상 29:12)

이 위대한 고백이 다윗을 위대한 사람으로 만들었다. 다윗이 가진 것이 많았겠는가? 훌륭한 부모를 두었겠는가? 그의 능력이 다른 사람보다 월등했겠는가? 하나님은 세상적인 기준에서 멋지고 잘난 사람을 사용하지 않으신다. 많은 사람이 보지 못하는 하나님의 전지전능하심을 믿고 그분의 성품을 따르는 사람을 사용하신다. 믿음의 전당이라 할 수 있는 히브리서 11장 1절에는 이렇게 쓰여 있다.

믿음은 바라는 것들의 실상이요 보이지 않는 것들의 증거니

또한 올바른 믿음은 하나님을 보는 것이다. 만약 우리가 죄악으로 가득한 세상만을 바라보면 곧 절망할 것이다. 흠 많은 자기 자신을 바라보아도 절망할 것이다. 그것이 이 세상을 살고 있는 연약한 인간의 한계다. 그러나 하나님을 바라보면 우리에게 평안한 안식이 찾아온다. 그리고 이내 능력을 얻을 수 있다. 왜냐하면 하나님을 바라본다는 것은 우리가 믿음으로 나아가고 있다는 것을 의미하기 때문이다.

믿음의 주요 또 온전하게 하시는 이인 예수를 바라보자(히 12:2)

예수님은 믿음의 원천이요, 주인이시다. 믿음을 나눠 주시는 분이시다. 태양을 등지고 있으면 태양은 보이지 않고 내 앞에 그림자만 나타나듯이 예수님을 등지고 서 있으면 불안과 공포, 슬픔과 걱정의 그림자가 나타난다. 이것이 바라봄의 법칙이다.
혹시 유한한 세계의 삶을 바라보며 살고 있는가? 그곳에는 소망도 능력도 없다. 눈을 들어 하나님을 바라보기 바란다. 전능의 예수님을

바라볼 때 우리의 삶이 변하고 역사가 일어날 것이다.

:: **성장하는 믿음**

'예수님이 살아 계시지만 나 같은 사람을 통해 역사하실까? 나 같은 사람과도 함께하실까?' 하며 하나님의 존재에 대해 의심되는 사람이 있는가? 그러나 모든 믿음의 사람은 의심을 버렸다. R.W. 뷰캐넌(R.W. Buchanan)은 "믿음은 의심의 응어리를 내포하고 있다."고 말했다. 그러므로 의심을 떨쳐 버려야 한다. 의심은 문제를 보고, 믿음은 해결을 보기 때문이다. 믿음은 의심과 절망은 포기하게 해도 희망은 절대로 포기하지 않는다. 믿음은 하나님을 포기하지 않는다.

진정 믿음을 성장시키면 인생이 성장한다는 확신을 가지고 우리의 믿음을 성장시키길 원하는가? 우리의 믿음을 포기하게 하는 수많은 유혹과 싸워서 이겨라. 그래야 믿음이 성숙해지고 성장한다.

운명을 뒤집고 불리한 환경을 뛰어넘어 한계를 초월하는 믿음을 원하는가? 이 믿음을 성장시키는 방법은 말씀의 능력을 성장시키는 것이다. 믿음으로 산다는 것은 결국 말씀의 능력으로 사는 것이다. 말씀은 모든 대적을 물리칠 수 있는 칼이며, 가야 할 목표를 알려 주는 인생 지도고, 모든 장애를 부수는 능력이기 때문이다. 그래서 말씀을 들으면 믿음이 생긴다.

스펄전 목사는 "하나님 약속의 말씀을 골동품처럼 생각하지 마라."고 했다. 말씀을 들었으면 지금 적용하라는 것이다. 입으로 선포하고 삶에 구체적으로 적용하다 보면 믿음이 저절로 생긴다. 그리고 우리의 기도와 말씀의 능력을 성장시키자. 우리의 믿음이 변하면 인생이 변화될 것이다.

하나님에게 온전히
의탁하는 믿음

　엄마 곰과 태어난 지 얼마 안 되는 아기 곰의 대화다. 이제 걸음마를 배우게 되는 아기 곰이 엄마 곰에게 물었다. "엄마, 걸으려면 어떻게 해야 하죠? 오른발을 먼저 내밀까요, 왼발을 먼저 내밀까요. 뒷발은 어떻게 해야 하죠?" 엄마 곰이 대답했다. "그런 것은 걱정하지 말고 그냥 엄마한테 다정스럽게 걸어온다고 생각하고 움직여 보렴. 그것이 바로 걷는 거란다." 하나님을 믿는 신앙은 바라봄이다. 하나님을 바라보며 의심하지 않고 나아가는 것이다. 서로에 대한 믿음 역시 자연스러운 '의탁의 자세'가 필요하다. 우리는 하나님을 온전히 믿고 나아가는 삶을 살고 있는가?

[온전한 믿음]

그릇된 믿음

참된 믿음은 믿음의 대상과 내용을 정확하게 믿는 것이다. 참된 믿음은 겸손히 하나님만 의지하며 하나님 말씀을 붙들고 행동하는 것이다. 내 생각이나 판단을 의지하며 행동하는 것은 올바른 믿음이 아니다. 잘못된 믿음을 내려놓고 예수님의 믿음으로 돌아와서 그 믿음을 붙잡아야 한다.

Q. 그릇된 믿음을 버리고 참된 믿음을 소유하기 위해서는 어떻게 해야 하는가?

올바른 믿음

믿음은 어떤 상황 속에서도 전능하신 하나님을 절대적으로 신뢰하고 의지하는 것이다. 믿음은 삶의 원동력이요, 기초다. 자신을 바라보거나 다른 그 무엇을 바라보는 것이 아니라 믿음으로 하나님만을 바라볼 때 승리의 삶을 살 수 있다.

Q. 당신의 말로 믿음에 대해 정의한다면 무엇이라 하겠는가?

성장하는 믿음

믿음은 성장해야 한다. 성장하지 않는 믿음은 문제가 있다. 믿음을 성장시키는 방법은 말씀의 능력을 성장시키는 것이다. 믿음으로 산다는 것은 결국 말씀의 능력으로 사는 것이다. 믿음의 성장에 따라 당신의 인생도 달라진다.

Q. 믿음을 성장시킬 수 있는 방법은 어떤 것들이 있을까?

CHAPTER 7
꿈을 주시는 분

꿈꾸는 야곱 | 꿈을 놓친 에서 | 꿈이 있는 인생

꿈을 주시는 분

내가 너와 함께 있어 네가 어디로 가든지 너를 지키며 너를 이끌어 이 땅으로 돌아오게 할지라 내가 네게 허락한 것을 다 이루기까지 너를 떠나지 아니하리라 하신지라_창 28:15

꿈은 무엇일까? 우리가 건강을 위해 밥을 먹듯이, 우리의 삶이 지속적으로 성장하기 위해서는 꿈이 필요하다. 인간은 꿈을 먹고 사는 동물이다. 이 세상에서 성공적으로 살았던 사람들은 꿈을 품고 살았던 사람들이다. 킹제임스 성경(KJV)에서는 "비전이 없는 백성은 망한다(Where there is no Vision, the people Perish, 잠 29:18)."라고 번역했다. 갓 낳은 달걀이 품어지지 않으면 살아 있는 생명체가 되지 못하듯이, 오늘의 꿈을 품으며 살지 않는 사람들에게 내일의 성공을 기대할 수 없다.

우리는 어떤 꿈을 품어야 할까? 먼저 우리 마음속을 시배했던 인간적인 욕심을 버려야 한다. 세상적인 야망을 버려야 하늘의 비전을 얻을 수 있다. 윌리엄 캐리(William Carey)는 "하나님을 위하여 큰 꿈을 꾸고 하나님으로부터 큰 것을 기대하라."고 말했다. 어떻게 해야 큰 꿈을 꾸며 살 수 있는가? 그 대답을 야곱에게서 찾아보자.

:: 꿈꾸는 야곱

창세기 28장은 야곱이 꿈을 꾸는 사건에 대한 기록이다. 야곱은 쌍둥이 동생으로 태어났다. 그는 욕심 많고 간사했는데, 어머니 몸에서 태어날 때부터 형 에서의 발뒤꿈치를 잡고 세상에 나왔다. 그래서 야곱이라는 이름은 '붙잡다', '빼앗는다'라는 뜻이다. 어린 시절 야곱은 한마디로 잘못된 꿈과 욕망으로 똘똘 뭉친 사람이었다.

야곱은 어느 날 형 에서가 몹시도 시장하고 피곤한 틈을 이용해 팥죽 한 그릇으로 장자의 명분을 빼앗고 눈먼 아버지까지 속여 장자 에서에게 주어야 할 축복을 가로채 버렸다. 장자에게만 주어지는 축복을 받기 위해서 간사한 계략과 잘못된 방법들이 동원되었다.

몇 번이고 야곱에게 속임을 당한 에서는 동생을 죽이기 위해 기회를 엿보게 된다. 이를 눈치챈 야곱은 정든 고향을 떠나 외삼촌이 살고 있는 하란으로 망명길을 떠났다. 어느 날 밤, 야곱은 루스 광야에서 모래를 침대 삼고 하늘을 이불 삼아 누웠다. 길바닥에 굴러다니는 돌판을 베개 삼고 흐르는 눈물을 닦으며 슬픔에 잠긴 채 잠을 청했다.

남을 속이고 쫓기는 사람이 갖는 불안감과 죄책감 그리고 가정을 떠난 슬픔이 교차하는 바로 그 밤이었다. 야곱은 외로웠다.

그렇게 잠을 자던 야곱은 참으로 놀라운 꿈을 꾸게 된다. 깊은 밤, 온 땅이 환해지는데 사닥다리 하나가 산을 지나고 구름을 뚫어 하늘까지 높이 연결되어 있었다. 그리고 하늘의 사자들이 미끄러지듯 오르락내리락하고 그 위에서 우렁찬 하나님의 음성이 들려오는 것이었다. 이 음성은 야곱이 복의 근원이 될 것이며, 이 꿈이 이루어질 때까지 하나님이 함께하시리라는 약속이었다. 일찍이 조부 아브라함에게 주신 비전을 그 간사한 야곱을 통해 이루시겠다는 것이다.

사실 이 순간은 야곱이 매를 맞아야 할 시간이었다. 그런데 그날 밤 야곱이 들은 음성은 훈계나 벌하심의 음성이 아니었다. 야곱에게 들려주신 하나님의 음성은 축복의 메시지였다. 고향을 떠나 불안감에 휩싸이고 닫힌 야곱의 마음을 녹이는 하나님의 사랑이 깃든 메시지였다. 야곱은 이 세상에 혼자 남겨졌다고 느꼈고, 그가 걷는 이 길이 고독한 나그네 길이라 생각했다. 그런 그에게 어느 날 루스 광야에서 하나님의 음성이 들렸다. 음성을 통해 야곱은 하나님이 사랑으로 함께하심을 알게 된 것이다. 이 길이 더 이상 외롭고 쓸쓸한 길이 아니고 하나님이 동행하시는 길임을 깨닫게 됐다. 아무도 없는 거친 이 광야가 하나님이 함께하시는 하늘 동산이라는 사실을 알게 되었다.

야곱은 루스라 불리던 땅을 하나님의 집 '벧엘'이라 부르게 되었다. 루스는 '분리'라는 뜻을 가진 땅이었다. 형 에서에게 쫓기고 사랑하는 부모와 집을 떠나야 했던 야곱은 자신 또한 하나님과 분리된 외로운 존재라 생각했다. 그러나 야곱은 하나님의 음성을 들은 그날 하나님의 동행하심을 알게 됐고 쓸쓸했던 '분리'의 땅 루스를 하나님이 함께하시는 '축복'의 땅, '새로운 말씀'의 땅으로 바꾼 것이다.

야곱은 절망 중에 꿈을 꾸었다. 잡히면 죽임을 당하는 상황과 부모님을 남겨 둔 채 떠나는 상황에서 하나님을 만나 새로운 꿈을 꾸게 되었다. 그 땅이 루스에서 벧엘로 바뀌었듯이 그의 삶 또한 혼자의 삶에서 동행하는 삶으로 바뀌었다. 야곱은 인생의 가장 큰 위기에서 꿈을 꾸고 가장 큰 전환점을 갖게 됐다.

혹시 야곱처럼 쫓기고 있지 않은가? 인생의 큰 위기를 맞고 있지 않은가? 그렇다면 지금은 깊이 절망하고 스스로를 원망할 때가 아니다. 지금이야말로 하나님을 만나야 할 때다. 하나님 말씀을 통해 우리의 사명과 비전을 새롭게 가지고 새로운 꿈을 꾸자. 절망의 그림자가 깊이 드리울수록 하나님의 사람들은 말씀에 근거한 꿈을 꿔야 한다.

:: **꿈을 놓친 에서**

야곱과 달리 에서는 꿈이 없는 인생이었다. 야곱이 은혜를 받고 꿈을 꾸고 있었을 때 그의 형 에서는 무엇을 했을까? 그는 분명히 장자의 명분과 아버지의 축복을 빼앗아 달아난 야곱을 생각하며 복수의 칼날을 갈고 있었을 것이다.

에서는 꿈을 지키지 못한 사람이었다. 그가 동생에게 장자의 명분을 판 것은 단순한 장자의 명분만을 넘긴 것이 아니다. 그의 사명, 비전을 버린 것이다. 비전이 주는 축복도 잃어버린 것이다. 에서가 이토록 장자의 명분을 쉽게 판 이유는 무엇인가? 그에게 꿈이 없었기 때문이다. 꿈을 잃어버린 사람은 모든 것을 잃어버린 사람이다. 그래서 누군가는 이렇게 말했다. "그대의 꿈을 버리지 마라. 꿈이 사라지면 여전히 그대가 생존하고 있을지라도 그대는 더 이상 살아가고 있는 것이 아니다." 꿈꾸는 자는 많은 것을 간직하며 살아가는 사람이다.

에서는 동생에게 축복을 빼앗긴 후 아버지를 찾아가 찌꺼기 축복이라도 좋으니 남은 것을 달라고 간청했다. 아버지 이삭은 냉혹하게 거절하며 에서를 향해 자신에게 주어진 것도 지키지 못하는 어리석은 자식이라고 훈계했을 것이다. 이삭에게 에서는 큰 것을 소홀히 하는 미련한 자식이었을 것이다. 꿈도 비전도 없이 오늘의 만족으로 하루하루 살아가는 게으른 자식이었을 것이다. 때가 지난 후에 후회하며 복수심에 불타고 있던 에서에게 이삭은 축복도 해 주고 싶지 않았을 것이다. 에서는 그제서야 깨닫고 그 어떤 축복도 받지 못한 채 대성통곡하며 아버지의 침상에서 물러나왔다. 이것은 성경에 기록된 가장 큰 후회며, 통곡일지 모른다. 자신에게 주어진 비전을 바라보지 못하고 꿈을 꾸지 못한다면 결국 모든 것을 잃게 되는 것이다.

우리의 꿈과 비전은 무엇인가? 에서처럼 자기에게 주어진 비전을 놓친 채 아무런 꿈도 꾸지 않고 사는가? 이웃과 원수에 대한 복수심에 불타고 있는가? 사회와 가정에 대한 불만으로 가득 차 있는가? 이제는 돌아서야 한다. 야곱처럼 하나님의 음성을 듣고 올바른 비전을 소유해야 한다. 꿈꾸는 인생으로 돌아서서 꿈으로 가슴이 불타올라야 한다. 아무리 어렵고 힘들어도 자신에게 주어진 하나님의 축복을 잃지 말아야 한다. 그 말씀을 통해 하나님의 비전을 품어야 한다. 올바른 꿈과 비전을 가짐으로써 인생이 바뀌는 역사가 있기를 바란다.

:: **꿈이 있는 인생**

독일 작가 헤르만 헤세는 "꿈이 없는 생활은 무미건조한 것이고 꿈이 없는 생활은 고통이다."라고 말했다. 마르틴 루터는 "나는 하나의 큰 꿈을 가지고 있다."고 말했다. 꿈이 있어야 인생이 변한다. 한 인간의 위대성은 꿈의 크기로 알 수 있다. 꿈이 작으면 작은 사람이고, 꿈이 크면 큰 사람이다. 땅의 것만 꿈꾸는 사람은 속물이고, 하늘 세계를 꿈꿀 수 있는 사람이 신령한 사람이다. 예수님이 사용하신 사람을 보면 그들은 다른 사람들보다 뛰어난 사람이 아니었다. 그들은 한결같이 다른 사람이 생각지도 못했던 큰 꿈을 품었던 사람이었다.

1963년 8월 23일, 미국 워싱턴 DC에 있는 링컨 기념관 앞에 20만 명이 넘는 사람이 모였다. 노예해방이 선언되었음에도 불구하고 여전히 흑인에 대한 인종차별이 공공연하게 일어나고 있었다. 수십만 명이 모인 그곳에서 흑인 인권 운동 지도자 마틴 루터 킹은 인종차별 철폐와 평등을 외치는 연설을 했다. 미국 역사에서 가장 훌륭한 연설로 꼽히는 이날의 연설 제목은 'I have a dream(나에게는 꿈이 있습니다)'이다. 인종차별이 없는 미국을 꿈꾸었던 마틴 루터 킹이 아니었다면 인종차별은 지금도 계속 이어지고 있었을 것이다.

하나님의 자녀들은 개인의 안녕과 평안을 위해서만 꿈을 꿀 수 없다. 더 많이 갖고 더 많은 것을 누리기 위한 꿈은 크리스천의 올바른 꿈이 아니다. 마틴 루터 킹처럼 정의가 바로서는 사회, 약자들을 돌보는 공동체를 위해 꿈을 꾸어야 한다. 더 나아가 이 땅이 온전히 하나님 나라가 되는 꿈을 꾸고 비전을 품어야 한다.

예수님이 사용하신 사람들을 보면 다른 사람들보다 능력이 탁월하거나 세상적인 관점에서 출세한 사람들이 아니었다. 그들은 한결같이 다른 사람이 생각지도 못했던 큰 꿈을 품고 있었던 사람들이다. 하나님은 언제나 개인과 가정 그리고 교회 공동체에 꿈을 주신다. 교회나 민족을 축복하시려 할 때에도 먼저 꿈을 주신다. 영롱하고 찬란한 꿈을 가슴에 심어 주신다. 그 꿈을 가슴에 안고 기도할 때에 그 꿈을 통해 아름다운 세계를 이루어 주시는 것을 볼 수 있다.

에서처럼 꿈이 없는 인생은 세상에 대한 원망과 증오의 굴레 속에서 벗어날 수 없어 실패하고 만다. 반면 자신의 야망과 욕심을 내려놓고 하나님이 말씀하신 꿈과 비전을 붙잡고 나아가는 인생은 다르다. 하나님이 그 길을 함께하시며 우리의 쓸 것을 예비하시기 때문이다.

하나님은 언제나 개인이나 가정뿐 아니라 교회 공동체에도 꿈을 주신다. 특히 교회나 민족을 축복하시려 할 때에 먼저 꿈을 주신다. 영롱하고 찬란한 꿈을 가슴에 심어 주시어 그 꿈을 통해 아름다운 세계를 이루어 주신다.

교회는 꿈을 파는 곳이다. 교회 강단은 꿈을 나눠 주는 곳이다. 목사는 설교를 듣는 성도들을 꿈속으로 인도해서 곤히 잠들게 하는 것이 아니라, 그들에게 사명과 비전을 꿈을 꿀 수 있도록 해야 한다. 그리하여 교회에 나와 절망 중에 소망의 꿈을 찾고, 실패하여 예수 앞에 찾아가 성공의 꿈을 안고, 병든 중에 건강한 꿈을 꾸길 바란다. 가정이 구원받는 꿈을 꾸고, 구역과 기관, 교회가 부흥되고, 나라와 민족이 번영하는 꿈을 꾸길 바란다.

교회는 이 시대에 하늘의 꿈을 주는 역할을 해야 한다. 야곱의 머리 위에 하늘 문이 열려 있었듯이, 교회에 올 때마다 하늘 문이 열리기를 바란다. 그것이 행복한 교회의 꿈이며 비전이다.

역사는 꿈꾸는 사람들의 몫이다. 미래는 꿈꾸는 사람들의 손에 맡겨질 것이다. 꿈이 변하면 인생이 변한다. 작은 꿈이라도 우리를 크게 바꿀 수 있다. 꿈을 품으라. 갓난아이가 인큐베이터 안에서 조금씩 자라듯 작은 꿈을 키워야 한다. 우리의 꿈이 한 번 좌절했다고 그 꿈을 포기해서는 안 된다. 하나님이 주신 꿈은 반드시 이루어진다.

예수님은 세상의 기준으로 보면 초라하고 가진 것 없는 제자들을 앉혀 놓고 언제나 꿈 이야기를 해 주셨다. 그리고 하나님은 그러한 과정으로 큰 뜻을 품은 제자들로 인해 세계 곳곳으로 복음이 전파되는 역사를 이루셨다. 예수님은 정말 훌륭한 비전 메이커(Vision maker)다. 예수님은 제자들의 꿈이 바뀌면 인생이 바뀐다는 것을 아셨다. 제자들이 바뀌면 세상이 바뀌고 역사가 바뀐다는 것도 아셨다.

따라서 우리의 꿈도 마찬가지다. 꿈이 없으면 에서처럼 세상을 원망하며 살 수밖에 없다. 그러나 야곱의 인생은 달랐다. 자신의 꿈과 야망을 내려놓았을 때 놀라운 결과가 나타났다. 하나님의 비전과 꿈을 붙잡고 나아갔다. 그러자 야곱의 인생은 역전을 가져왔다. 과거에는 세상을 붙잡는 인생으로 살아왔지만 이제는 하나님이 붙잡아 주시는 사람으로 살게 되었다. 하나님의 비전과 꿈을 가지고 나가면 승리하는 삶을 살 수 있다. 이런 꿈과 비전을 가지고 우리의 삶 속에서 역동적인 비전 메이커들로 살아가기를 바란다.

희망으로
자라나는 꿈

한 젊은 만화가가 자신의 그림을 들고 여러 신문사를 찾아다니며 연재를 부탁했다. 그러나 어느 곳에서도 자신의 그림을 인정해 주지 않았다. 한 신문사의 기자는 그의 그림을 보고 독설을 퍼부었다. "당신은 그림에 재능이 없어요. 이런 이상한 그림을 인정해 줄 사람은 아무도 없을 겁니다." 그러나 만화가는 희망을 버리지 않았다. 만화가는 교회 홍보물에 그림을 그리며 기회가 오기를 기다렸다. 그는 너무나 가난했기 때문에 쥐가 우글거리는 창고에서 그림을 그렸다. 그러다 창고에 사는 커다란 생쥐 한 마리와 친해졌다. 생쥐의 모습을 유심히 관찰한 그는 귀여운 생쥐 캐릭터를 그렸다. 그런데 이것이 선풍적인 인기를 모았다. 만화가는 큰 부자가 되었고 꿈을 이루었다. 이 사람이 미국 만화영화의 개척자 월트디즈니다. 그리고 생쥐 그림이 바로 유명한 '미키마우스'다. 꿈이 있는 사람은 반드시 빛을 본다. 다만 그 시기가 좀 이르거나 늦을 뿐이다.

[꿈을 주시는 분]

꿈꾸는 야곱

야곱은 잘못된 꿈과 욕망에 사로잡혀 욕망을 이루기 위해 잘못된 방법도 서슴지 않았다. 그리고 끝내는 정든 고향과 따뜻한 부모님을 떠나 도망하는 신세가 되었다. 하지만 야곱은 인생의 가장 큰 위기 속에서 하나님을 만났다. 하나님과의 만남 이후 야곱은 하나님을 위한 꿈을 꾸게 되었다.

Q. 예수님을 만나기 전과 만난 이후 나의 가치관과 목표는 어떻게 달라졌는가?

꿈을 놓친 에서

에서가 야곱에게 장자의 명분을 판 것은 그의 사명과 꿈을 판 것이다. 꿈과 비전이 없는 사람은 오늘에만 만족하는 삶을 살게 된다. 생존을 위해 사는 현실주의적 삶의 끝은 후회로 맺게 된다. 자신에게 주어진 비전을 바라보지 못하고 꿈을 꾸지 못한다면 결국 모든 것을 잃게 되는 것이다.

Q. 가끔 내 삶에 싫증을 느끼고 무기력해질 때가 있다. 가장 큰 문제가 뭐라고 생각하는가?

꿈이 있는 인생

하나님에게 붙잡히면 자신의 꿈과 욕망을 내려놓고 하나님이 주시는 꿈을 꾸게 된다. 꿈이 변하면 인생이 변한다. 원망의 굴레에서 벗어나 하늘의 꿈을 나눠 주는 비전 메이커들이 된다. 이제 하늘에 소망을 두고 하늘의 꿈을 나누는 공동체가 되어야 한다.

Q. 당신에게 주신 하나님의 꿈은 무엇인가? 그 꿈을 나눠 보자.

CHAPTER 8
율법과 자유

율법적 계약 | 율법의 길 | 율법과 복음

율법과 자유

또 하나님 앞에서 아무도 율법으로 말미암아 의롭게 되지 못할 것이 분명하니
이는 의인은 믿음으로 살리라 하였음이라_갈 3:11

조셉 엑셀(Joseph S. Exell)은 "하나님 옆에 가까이 오라는 말씀이 복음의 특징이다. 반면에 멀리 떨어지라는 말씀은 율법의 특징이다. 율법 아래에서의 죄인은 하나님 옆에 가까이 갈 자격이 주어진 적이 한 번도 없다."고 했다. 율법은 우리를 하나님에게로 더 가까이 가지 못하게 한다.

율법주의를 지나치게 강조하면 오히려 말씀의 은혜에서 멀어질 수 있다. 그래서 수잔 데 디트리히(Suzanne de Dietrich)는 "행위의 규범으로서의 율법에 강조점을 두거나, 율법이 마침내 구원에 이르는 방편이 되거나, 복음을 대신하는 것이 된다면 그것은 율법주의의 표시다. 이러한 일이 일어나는 것에는 새로운 종류의 바리새인 주의

가 발전하고 구원의 기쁨은 상실된다."고 말했다. 복음을 대신할 수 있는 것은 없다. 율법 또한 복음을 대신하지 못한다.

조셉 버틀러(Joseph Butler)는 "율법의 사슬은 죄인을 매어 놓기 위해서만 있는 것이 아니라 하나님에게 가지 못하도록 죄인을 지키기 위해서 있는 것이다."라고 했다. 세상에는 율법에 속한 사람이 많다. 율법에 속해 복음을 바라보지 못하는 사람은 저주받은 사람이다. 우리 삶의 중심이 율법에서 복음으로 바뀌어야 한다. 하나님 말씀은 율법에 속한 사람을 다시 믿음으로 구원받게 하는 능력이 있다.

율법에 속한 사람과 율법을 극복한 사람과의 근본적인 차이는 하나님과의 관계에 있다. 하나님과 바른 관계에 있을 때에만 나의 존재가 성립된다. 나의 존재와 행동의 기본은 율법이 아닌 하나님이 주신 복음에 근거해야 한다. 그러므로 하나님과의 올바른 관계 속에서 날마다 승리하는 삶을 살아야 한다.

:: 율법적 계약

하나님과 인간의 관계는 인격적 관계와 대화적 관계다. 하나님과 인간은 약속을 중심으로 관계를 맺는다. 여기서 중요한 것은 약속을 어떤 개념으로 이해하느냐다. 신학자 니그렌(Nygren)은 그의 저서 《아가페와 에로스》에서 이에 대해 언급하고 있다. 그는 이 책 한 권으로 세계 10대 신학자의 한 사람으로 손꼽히게 되었다. 그만큼 이 책은 많은 사람의 관심과 찬사를 받았다. 심지어 모 잡지에서는 서평을 통해 《아가페와 에로스》가 성경 다음으로 중요한 책이라는 찬사를 보냈다.

니그렌은 모든 사랑을 아가페와 에로스 둘로 나누어서 "아가페는 하나님이 죄인에게 오시는 사랑이요, 에로스는 죄인이 하나님에게로 가는 사랑이다. 또 아가페는 큰 사랑을 내가 받고 그 사랑에 답하는 응답적인 사랑이요, 에로스는 상대방을 사랑함으로써 응답을 받아내는 사랑이다."라고 생각했다. 따라서 일방적으로 하는 사랑을 '에로스'라 한다.

그렇다면 아가페는 무엇인가? 남의 사랑을 빼앗는 것이 아니라 이미 받은 것으로 만족하는 사랑이다. 받은 것으로 만족하며 그 받은 사랑에 대해 진실하게 응답한다. 그러므로 위로부터 내려오는 사랑이 아가페요, 사람에게서 사람에게로 가는 사랑이 에로스다. 성경이 말씀하는 진리는 아가페요, 철학적이고 이방 종교적인 것은 에로스에 속한다. 같은 성경 안에서도 율법적 관계는 에로스요, 십자가의 은혜는 아가페다. 믿음으로 말미암아 의롭다 함을 얻는다는 것은 아가페요, 율법을 지켜서 율법의 의로 구원받는다 함은 하나님에게 나아가는 것이므로 에로스가 된다.

율법적인 신앙생활을 하느냐, 은혜적인 신앙생활을 하느냐의 문제가 여기에 있다. 이것을 명확히 알고 바른 길에 설 수 있다면 어떠한 시험이 닥쳐도 흔들리지 않는 확실한 신앙생활을 할 수 있다. 간혹 아가페가 중심을 잃고 우왕좌왕할 때가 있다. 믿음으로 출발했다가 그다음에는 율법 중심의 신앙이 되고, 또다시 은혜의 신앙이 될 수 있다는 것이다.

율법적 계약은 인간이 하나님에게 나아가는 것이다. 우리는 그 길을 다 갈 수 없다. 그러나 하나님과 인간의 관계는 인격적, 대화적 관계이므로 율법으로 사는 에로스 사랑에서 벗어나 은혜로 사는 아가페 사랑으로 인생을 살아야 한다.

:: **율법의 길**

영국의 종교 개혁자 윌리엄 틴데일(William Tyndale)은 "율법과 믿음이라는 두 개의 열쇠가 있다. 율법은 모든 사람을 정죄 아래 가두는 열쇠고, 믿음은 그 문을 열고 나오게 하는 열쇠다."라고 했다. 율법의 종착역은 어디인가? 그것은 정죄 아래로 이끄는 것이다. 따라서 우리는 율법에 끌려 다니지 말아야 한다. 하지만 자신도 모르는 사이에 율법주의자가 되고 있다는 것이 문제다. 무의식중에 길들여져서 자신의 의(義)에 의해 하나님 앞에 나아가려는 헛된 시도들을 하게 된다. 그러나 그 결과는 절망뿐이다. 율법의 길은 자신의 행함으로 인해 하나님 앞에 나아가는 것이다. 하지만 성경은 그것에 대해 부정적으로 묘사하고 있다.

> 무릇 율법 행위에 속한 자들은 저주 아래에 있나니(갈 3:10)

율법에 속한 사람들은 율법에 매여 산다. 그의 행위, 의식, 생각이 매여 있다. 율법에 매여 언제나 두려움 속에서 살다 보니 예수를 믿어도 말씀이 주는 기쁨과 은혜가 없다. 다른 사람들에 비해 정결하게 살고 있지만 율법이 정해 놓은 기준이 너무 높기 때문에 결코 도달할 수 없다. 그렇기 때문에 늘 만족할 수 없는 상태에서 살고 있다.

이처럼 우리 주변에는 율법에 속한 사람들이 있다. 율법의 노예가 되고 율법에 붙들린 심령들이다. 이런 사람들은 열심은 있지만 기쁨과 감격이 없다. 율법에 따라 행동하고 있지만 그의 영혼은 메말라 있다. 두려움에 사로잡혀 있으니 육신의 살이 풍성해질 리가 없다. 기도를 드려도 은혜가 없는 참으로 불쌍한 사람들이다.

룩(T.G. Ruk)은 "율법은 특별한 목적이 있다. 죄라는 감옥 속으로 사람들을 집어넣는 것이다."라고 했다. 율법에 매여 있으면 자유함이 없다. 율법은 지켜도 지켜도 끝이 없다. 그래서 결국에는 내가 내 율법이 되어 어느 정도 봉사하다가 그보다 좀 적게 하면 무언가 잘못된 것 같은 느낌이 든다. 이렇게 율법을 지키기 위해 부단히 노력하지만 결국 율법을 완전히 지킨 사람은 한 사람도 없다.

의인은 없나니 하나도 없으며(롬 3:10)

율법주의자들은 본질이 아닌 보이는 것에 지나치게 치중한다. 내용으로는 못 지켰어도 형식으로나마 지킨 것을 내놓으려고 한다. 겉으로는 지켜졌지만 가만히 보면 내용 면에서 지키지 못할 때가 많다. 예수님도 "너희가 십일조를 드린다 하면서 싸구려 박하와 채소는 바치고 귀한 것은 살짝 떼 놓고……."라며 말씀으로 책망하셨다.

숫자로는 맞는데 내용은 몹쓸 것을 갖다 바친 것이다. 이는 진심으로 십일조를 드린 것이 아니다. 결국 율법주의에 빠지면 점점 외식주의에 빠지게 된다. 이런 율법의 속박에서 벗어나 해방되어야 한다. 복음의 능력으로 돌아와 자유함을 얻어야 한다.

:: **율법과 복음**

율법의 굴레에서 벗어나 우리가 의지해야 할 것은 무엇인가? 그것은 바로 믿음과 복음이다. 성경은 우리가 붙잡아야 할 것에 대해 간결하게 말하고 있다.

의인은 그의 믿음으로 말미암아 살리라 (합 2:4)

하박국의 언약과 더불어 바울이 성경에서 제일 중요하게 여기는 말씀은 창세기 15장 6절이다.

아브라함이 여호와를 믿으니 여호와께서 이를 그의 의로 여기시고

바울의 신학 체계는 이 두 말씀을 기점으로 전개되고 있다. 하박국 2장 4절의 말씀은 선지자 하박국이 묵시로 받은 메시지다. '세상의 대세가 아닌 믿음으로 살아가며 보이는 대로 생각하지 않고 믿음으로 생각한다. 사람의 세계에서 보지 않고 하나님의 뜻 안에서 본다.'는 것이 이 말씀의 가르침이다.

즉 우리는 하나님의 약속을 바라보며 믿음으로 살아야 한다. 우리가 바라봐야 할 것은 지금 내 앞에 놓인 크고 작은 환란들이 아니라 저 앞에 있는 메시아의 나라다. 우리가 들어야 할 것은 세상 사람들의 비판적인 목소리가 아니라 하나님이 들려주시는 확신의 말씀이다.

믿음과 더불어 중요하게 강조됐던 복음은 무엇인가? 복음은 예수님이 우리를 대신해 십자가에 못 박히신 사실, 그로 인해 우리는 의인이 될 수 있게 됐다는 은혜가 넘치는 말씀이다. 십자가는 단순한 고통

과 한 사람의 죽음을 넘어서 율법으로 인해 내려진 저주를 의미한다.

바로 여기에 중요한 문제가 있다. "죄 값은 곧 사망"이라고 말씀하신 것처럼 죄를 지었으니 저주받는 것은 당연하다. 그러나 죄인이 아닌 예수님이 저주를 받고 그로 인해 죄인이 의인처럼 저주를 받지 않을 수 있게 됐다. 의인이 죄인처럼 죽었으면 이제 그 은혜로 말미암아 죄인이 의인처럼 살게 된 것이다. 예수님이 죄인을 위해 대신 죽으심으로써 죄인이 받아야 할 저주를 대신 치르셨다.

중요한 사실은 '대신 치르셨다'는 사실을 믿는 사람에게만 효력이 있다는 것이다. 믿지 않으면 아무 소용이 없다. 죄악에 갇혀 저주를 받을 수밖에 없었던 우리가 십자가의 은혜로 말미암아 용서받게 된 것이 복음인 것이다. 우리의 죄를 탕감받았음을 믿고 있는가?

하지만 율법주의자들은 스스로 그 죄를 갚으려 한다. 예수님이 대신 우리를 위해 죄사함받은 사실을 믿지 못한다. 내가 기어이 내 의와 공로로 나가고자 한다면 은혜를 힘입을 수가 없다. 많은 사람이 알고 있는 탕자 이야기가 있다. 아버지의 마음을 아프게 하고 집을 나가 방황했던 탕자는 집으로 돌아온 후 여전히 자신을 아끼고 사랑하는 아버지의 마음을 그대로 받아들였다. 이것이 은혜주의자들의 모습이어야 한다.

'너는 내 아들이다.'라는 아버지의 말씀에 부끄럽지만 '고맙습니다. 이제부터 다시 시작하겠습니다.'라고 받아들이는 것이다. 이것이 복음이요, 은혜다. 그는 아버지의 기쁜 마음에 찬물을 끼얹지 않았다. 그대로 그 잔치에 참여해 의젓하게 아들로서 앉아 있었다. 염치도 없고 뻔뻔스러운 것 같아 보이지만 그는 복음으로 말미암아 아들의 신분을 회복한 것이다. 그로써 탕자는 상속자의 자리를 회복하게 됐다.

예수님이 십자가의 저주를 받으심은 우리를 율법의 저주에서 자유하게 하기 위함이었다. 따라서 예수님이 주시는 참자유를 누리자. 우리를 용서하신 하나님이 주시는 축복을 누리자. 더 이상 율법의 사슬에 매이지 말고, 탕자처럼 다시 아버지 품으로 돌아와 자유함을 얻고 복음의 은혜로운 삶을 살아가길 바란다.

율법인가
은혜인가

　율법은 돌판(tables of stone)에 새겨졌으나, 은혜는 육체의 마음판에 기록된다. 율법은 시내산에서 주어졌으나, 은혜는 갈보리산에서 주어졌다. 율법은 불타고 있는 산으로 이스라엘 자손을 인도하였으나, 은혜는 살아 계신 하나님의 성으로 인도한다. 율법의 주어짐은 무서운 광경이나, 은혜의 구현은 영광스러운 광경이다. 율법은 지상의 인간에게 주어졌으나 은혜는 천국의 백성에게 주어진다. 율법은 죽은 계명이요, 은혜는 새 계명이다. 율법은 금지의 체계나, 은혜는 은총의 체계다. 율법은 죽음의 업무요, 은혜는 성령의 직분이다. 율법은 하나님 앞에서 우리 입을 막으나, 은혜는 하나님 앞에 우리 입을 찬송하게 한다. 율법은 가장 훌륭한 도덕가도 정죄하나, 은혜는 가장 사악한 방탕아도 의롭게 한다. 당신은 율법적 삶을 살고 있는가, 은혜적인 삶을 살고 있는가?

[율법과 자유]

율법적 계약

하나님과 인간은 약속을 중심으로 하는 관계다. 여기서 약속은 사랑을 기초로 하는데 사랑은 아가페와 에로스로 구분한다. 하나님과 인간의 관계는 인격적, 대화적 관계이므로 율법으로 사는 에로스 사랑에서 벗어나 은혜로 사는 아가페 사랑으로 인생을 살아야 한다.

Q. 인간적인 사랑과는 달리 하나님의 사랑이 위대한 이유가 무엇인가?

율법의 길

우리는 무의식중에 율법주의에 길들여진다. 그래서 자신의 의에 의해서 하나님 앞에 나아가려 한다. 하지만 율법주의의 결과는 저주이고 절망이다. 행위와 의식, 생각이 율법에 매여 있다 보니 그 안에 자유가 없기 때문이다. 율법의 속박에서 벗어나 복음의 능력으로 자유함을 얻어야 한다.

Q. 율법이나 형식에 매여 있는 신앙의 문제점은 무엇인가?

율법과 복음

예수님은 죄인인 우리가 받아야 할 저주를 십자가의 은혜로 대신 치르셨다. 그러므로 이는 율법의 저주에 얽매이지 않아도 된다. 예수님이 주시는 참자유를 누리자. 탕자처럼 다시 아버지 품으로 돌아와 복음의 은혜로운 삶을 살아가길 바란다.

Q. 믿음과 복음은 어떤 상관관계가 있는가? 복음은 우리 삶에 어떤 결과를 가져다주는가?

CHAPTER 9
신령한 염려

염려의 특징 | 염려하지 않는 삶 | 염려의 회복

신령한 염려

너희 중에 누가 염려함으로 그 키를 한 자라도 더할 수 있겠느냐_마 6:27

철학자 보위에비우스(Boyebius)는 "염려는 사람의 생명을 해치는 독약이 될 수 있다."고 했다. 또 힐티(Hilty)는 "다음 두 가지 일을 제외하고는 언제나 모든 일을 견딜 수 있다. 그 두 가지 일이란 염려와 죄를 짓는 것이다."라고 했다. 힘든 일도 많고 걱정할 것도 많은 인생을 한 글자로 표현해야 한다면 '괴로울 고(苦)'자가 가장 적절할 것이다. 요즘과 같은 세상에서는 인생을 산다는 것 자체가 고통으로 느껴질 때가 많다.

우리는 무엇을 염려하고 있는가? 무엇이든 염려하는 행동이 문제를 해결하지 않는다. 그 해결책은 믿음 속에 있다. 우리는 믿음으로 승리할 수 있다. 염려는 인생을 갉아먹는 무서운 적이다. 인생을 끊임없이 낙담하게 하는 두 개의 무서운 적이 있는데 하나는 어제에 대한 후회요, 다른 하나는 내일에 대한 염려다. 자리에 앉아 열심히 염려한다고 해서 내일이 바뀌지 않는다.

인간이 염려하지 않고 사는 것이 가능할까? 가능하다. 그리스도인들은 염려하지 않고 살아갈 수 있다. 내일에 대해 생각할 때마다 불안하고 걱정되는데 어찌 염려하지 않고 살아갈 수 있을까? 성경 속 인물들 역시 당시에 여러 가지 이유로 많은 염려를 했다. 하나님은 성경 전체를 통해 '염려하지 마라'는 말씀을 무려 550번이나 하셨다. 그렇다면 그리스도인들은 염려 없이 어떻게 살아갈 수 있을까?

:: **염려의 특징**

세네카는 "염려란 염려하는 사람 외에는 한 가지도 변화시키지 못한다."고 말했다. 염려는 우리를 아무것도 하지 못하게 만든다. 염려가 지닌 첫 번째 특징은 '불필요'다. 전혀 필요성이 없는 경우임에도 많은 사람이 염려의 노예가 되곤 한다. 그것은 우리가 마땅히 누려야 할 기쁨을 잃게 하고 우리를 무기력하게 만든다.

제2차 세계대전 당시 미국에서 전쟁으로 죽은 청년의 수가 30만 명이었다. 그런데 아들과 남편을 일선에 보내고 염려와 불안에 빠져 심장병으로 죽은 미국 시민이 100만 명이 넘었다는 통계가 화제가 됐다. 카네기(Carnegie)는 "보통 사람보다 일의 3배의 능률을 낸다."고 말했는데, 그 까닭은 보통 사람들은 어떤 일을 하기 전에 염려부터 하지만, 그 자신은 일하는 동안에 한 번도 염려하지 않았기 때문이다.

자신의 삶을 두 강도 사이에 못 박아 버리는 사람들이 있다. 한 강도는 어제에 대한 후회고, 다른 강도는 내일에 대한 염려다. 세네카는 "지나간 기억으로 자기들을 다시 괴롭히거나 장차 올 재난을 염려하며 고통스러워하는 것이 둘 다 어리석은 이유는, 하나는 지금 관계없고 또 다른 하나는 아직 오지 않는 것이기 때문이다"라고 했다.

염려는 무익할 뿐만 아니라 유해하다. 염려라는 말이 성경 원어에는 메림네오($\mu\varepsilon\rho\nu\varepsilon\omega$)라고 쓰여 있는데 이 말은 메르나오($\mu\varepsilon\rho\nu\alpha\omega$) '쪼갠다, 갈라낸다'는 말과 누스($\nu o \upsilon s$) '마음'이란 말이 합쳐서 된 말이다.

염려란 우리의 마음을 갈라놓는 것이다. 갈라진 마음은 우리가 하는 일들에 견고함을 무너뜨리고 변덕스럽게 한다. 염려로 인해 쪼개진 감정은 사물을 있는 그대로 보지 않고 색안경을 끼고 보게끔 한다. 어떤 사건이든, 어떤 사람이든 그것들을 올바로 바라볼 수 없게 되는 것이다.

영어로 염려를 'worry'라고 한다. 'worry'는 '물어뜯다', '짐승의 이빨로 목을 물어뜯어 질식시킨다'는 뜻에서 온 말이다. 염려에 붙인 사람은 무력해질 수밖에 없다. 심리학에서 염려는 사람을 서서히 죽이는 느린 형태의 자살이라고 말한다. 염려의 도가 지나치면 건강을 해치고 수명을 단축시킨다는 것이다. 미친개에 물린 생쥐처럼 염려에 물린 사람은 그 영혼의 기능이 마비되어서 마침내 영적인 무기력증에 빠져버리게 되는 것이다.

이처럼 염려는 하나님과의 관계를 맺으며 살아가야 하는 우리를 낙담시키고 심리적으로 분열시키는 불필요한 것이다. 하나님이 주신 사역들을 잘 감당해야 하는데 걱정하고 근심하게 한다. 결국 염려의 최종 목표는 우리가 넘어짐으로써 하나님의 일을 감당할 수 없게 하고, 하나님과의 관계를 올바르지 못하게 하는 것이다.

염려에서 벗어나야 한다. 그리스도인은 날마다 승리하는 삶 속에서 살아가야 한다. 그렇다면 염려에서 벗어날 수 있는 방법은 무엇일까? 어떻게 해야 염려가 아닌 승리와 감사의 삶을 살 수 있을까?

:: **염려하지 않는 삶**

염려하지 않고 살아가는 놀라운 힘은 '그러므로'의 신앙에서 온다. 이 험악한 세상에서 염려하지 않을 수 있는 비결은 무엇인가? 마태복음 6장 25, 31, 34절에 '염려하지 말라'는 표현이 나오는데 이 구절을 잘 읽어보면 한결같이 '그러므로'라는 접속사로 시작하고 있음을 알 수 있다. 즉 '그러므로 염려하지 말라'는 패턴이 사용되고 있다. 이 접속사 하나에 염려하지 않을 수 있는 비결이 담겨 있다.

첫 번째 25절의 '그러므로'는 '이미 선택과 결론이 내려졌으므로'라는 뜻이다. 접속사는 항상 앞 문장과 뒤 문장을 연결해 주므로 "한 사람이 두 주인을 섬기지 못할 것이니 …… 너희가 하나님과 재물을 겸하여 섬기지 못하느니라." 내용에 이어 "그러므로 너희는 염려하지 말라."로 연결된다. 즉 재물과 하나님, 세상과 하나님 사이에서 우리는 이미 하나님 쪽으로 선택과 결론이 내려졌으므로 염려할 필요가 없다는 것이다.

우리는 생명과 행복의 원천이 하나님에게 있음을 믿고 사는 사람이다. 염려는 하나님의 자녀된 우리의 신분과 어울리지 않는다. 왜냐하면 우리는 이미 하나님 편으로 그분에 의해 선택이 끝난 사람이기 때문이다. 하나님을 선택한 사람은 걱정거리를 만나도, 위기를 당해도 동요하거나 절망하지 않는다. 그러므로 불안해할 필요가 없다. 오히려 기뻐하며 다른 사람을 위로해야 한다.

두 번째 31절의 '그러므로'는 신앙이다. 주부들은 '예수님이 살림을 해 보지 않으셔서 그렇지 하루를 지내면서 무엇을 먹을까, 무엇을 입을까 하는 것이 얼마나 큰 걱정거리인데…….'라고 생각할 수 있다. 사실 인간에게 의식주 문제는 참 중요하다. 최근에는 지구 곳곳의 물이 부족한 지역에서 '물'을 가지고 싸우는 경우도 많다. 삶의 가장 기본적인 조건인 의식주가 해결되지 않으면 인간은 극도의 불안함을 느낀다. 그런데 예수님은 무엇이라 말씀하시는가?

> 이는 다 이방인들이 구하는 것이라 (마 6:32)

이런 일로 연연하며 염려한다면 '너희는 이방인과 같다. 불신자와 같다.'는 말이다. 왜 그런가? 의식주 문제에 너무 염려하다 보면 그 문제에 붙잡혀 더없이 초라한 인생이 되기 때문이다. 그 삶에 영적인 관심은 사라진다. 따라서 하나님의 사람들은 세상적 염려를 그분께 맡기는 법을 배워야 한다. 하나님은 그 염려들을 다 거두시고 영적인 만족과 신령한 염려를 주신다.

그래서 조지 뮬러(George Muller)는 "믿음의 시작은 염려의 끝이요, 염려의 시작은 믿음의 끝이다. 너희가 염려하느냐? 너희 믿음이 죽을 것이다. 너희가 믿음을 갖겠느냐? 너희 염려가 죽을 것이다."라고 염려를 명쾌하게 정의했다. 하나님 앞에 염려를 맡기고 믿음과 평안을 얻는 것이 행복한 믿음의 삶임을 배워야 한다. 하나님은 염려를 평강으로 바꾸어 주시는 분이다.

마지막으로 34절의 '그러므로'는 신앙이다. 여기서 나오는 '그러므로'는 우리 삶의 우선순위에 대해 이야기하고 있다. 우리가 해야 할 것은 염려가 아니라 하나님 나라를 위해 사는 것이라고 말씀하고 있다. 그리하면 모든 것을 우리에게 채워 주신다고 말씀하신다.

너희는 먼저 그의 나라와 그의 의를 구하라 그리하면 이 모든 것을 너희에게 더하시리라 그러므로 내일 일을 위하여 염려하지 말라 내일 일은 내일이 염려할 것이요 한날의 괴로움은 그 날로 족하니라(마 25:33~34)

염려는 그 시간에 반드시 하나님이 하실 것이니 너희가 미리 잡아당겨서 염려하지 말라는 것이다. 이것이 믿음이다. 믿음이 없는 사람에게 내일은 절망적이다. 하지만 염려를 십자가 앞에 맡기고 우리 삶의 우선순위를 분명히 할 때 우리의 마음은 회복되고 지금까지 인간적인 관점에서 염려했던 것들을 하나님이 채워 주실 것이다.

그러므로 내가 무엇을 염려해야 할까 고민하지 말고 먼저 삶의 우선순위를 분명히 정해야 한다. 세상 그 무엇보다 하나님을 삶의 우선순위로 삼고 하나님이 원하시는 믿음의 삶을 살기 바란다.

:: **염려의 회복**

행복한 믿음의 회복이 염려를 물리친다. 가장 중요한 일이 무엇인가? 세상 염려를 신령한 염려로 회복해야 한다. 그렇다면 우리가 해야 할 신령한 염려는 무엇인가?

그런즉 너희는 먼저 그의 나라와 그의 의를 구하라 그리하면 이 모든 것을 너희에게 더하시리라(마 6:33)

예수님을 믿는다는 것은 염려거리가 달라지는 것이다. 늘 무엇을 입을까 염려하던 사람이 의의 옷을 염려하게 된다. 어떻게 하면 좀 더 정결하게 좀 더 거룩하게 살 수 있을까를 염려하게 된다.

많은 무리들이 모인 중에서 큰 악에 빠지게 되었노라 하게 될까 염려하노라(잠 5:14)

그리고 무엇을 마실까 염려하던 사람이 성령에 목이 말라 헐떡이게 된다. 그리고 하나님과 그분의 말씀을 사모하게 되고, 기도의 갈증이 깊어지며, 말씀의 배고픔을 느끼게 된다. 이것이 그리스도인의 신령한 염려다.

얼마나 놀라운 믿음인가? 이는 행복한 믿음의 회복이며 세상이 감당할 수 없는 하나님 사람들의 당당함이다. 예수님을 통해 내가 죽고 살아난 행복한 회복을 경험한 사람은 세상 염려를 신령한 삶으로 바꾸는 인생을 살아간다. 행복한 믿음의 회복을 소유한 사람이다.

그렇다면 어떻게 세상 염려에서 벗어날 수 있었는가? 어떻게 염려에서 승리하며 감사하는 삶을 살 수 있었는가? 그것은 하나님을 따르기로 결심한 사람들이기 때문이다. 이제는 세상 염려에서 벗어나 신령한 영적 염려로 자신을 돌아보는 기회를 삼는 행복한 믿음의 회복이 필요하다.

염려를 다
주께 맡겨라

　영국의 유명한 문필가 칼라일에 대한 일화다. 그는 항상 생각하고 글을 썼으며 조용한 것을 좋아했다. 그 옆집에서 닭을 몇 마리 기르는데 새벽마다 우는 소리로 잠을 잘 자지 못하다가 한 번은 그 주인을 만나 사정을 말했다. 그때 그 주인이 "하룻밤에 세 번밖에 울지 않는 것을 뭐 그러시오." 하고 대답했다. 칼라일이 "문제는 내가 그 닭 울음소리를 기다리느라 도무지 잠을 잘 수 없다는 사실입니다."라고 했다. 얼른 납득이 가지 않지만 그것이 인간의 현실인 듯하다.
　우리는 염려하지 않아도 될 일을 염려하는 때가 많다. 일보다도 염려가 건강을 해친다. 염려는 아무 쓸모가 없다. 염려의 대부분은 그대로 되지 않는다. 그러나 염려로 오는 피해는 막대하다. 염려가 밀려올 때 "아무것도 염려하지 말고 다만 모든 일에 기도와 간구로, 너희 구할 것을 감사함으로 하나님께 아뢰라."(빌 4:6)는 말씀을 기억하자. 예수님 앞에 모두 맡겨 버릴 때 염려는 백해무익한 것이다.

[신령한 염려]

염려의 특징

염려는 불필요하며 유해하다. 또 염려는 마음을 갈라놓고 인격을 분열시킨다. 갈라진 인격을 가진 사람은 그 모든 일에 견고함이 없고 변덕스럽다. 또 염려는 감정을 쪼개어 상하게 만든다. 따라서 염려의 도가 깊어지면 자신의 건강을 해치고 수명을 단축시키게 된다.

Q. 염려가 왔을 때 당신에게 나타난 증상들은 무엇인가?

염려하지 않는 삶

염려하지 않고 사는 신비, 그것은 생명과 행복의 원천이 하나님에게 있음을 믿고 사는 삶이다. 염려는 하나님의 자녀 된 우리의 신분에 어울리지 않는다. 우리는 이미 하나님 편으로 선택이 끝난 사람들이기 때문이다. 따라서 세상의 염려를 가져가 하나님에게 맡기는 법을 배워야 한다.

Q. 염려가 왔을 때 그것을 처리하는 과정이 과거와 현재 어떻게 달라졌는가?

염려의 회복

세상 염려를 신령한 염려로 회복했다면 이제는 신령한 염려를 위해 살아야 한다. 신령한 염려는 '먼저 그의 나라와 그의 의를 구하는 신앙'이다. 예수님을 믿으면 염려거리가 달라진다. '어떻게 하면 좀 더 정결하고 거룩하게 살 수 있을까?'에 대한 염려를 하게 된다.

Q. 지금 당신에게 있는 거룩한 염려와 거룩한 부담은 무엇인가?

CHAPTER 10
단점의 변화

단점을 대하는 자세 | 단점을 쓰임받은 에훗 | 단점으로 인한 행복한 회복

단점의 변화

이스라엘 자손이 여호와께 부르짖으매 여호와께서 그들을 위하여 한 구원자를 세우셨으니
그는 곧 베냐민 사람 게라의 아들 왼손잡이 에훗이라 _삿 3:15

《탈무드》에 보면 "자기의 단점만을 걱정하고 있는 사람은 인간이 갖는 결점을 깨닫지 못한다."는 구절이 있다. 누구나 인생을 살다 보면 약점이나 단점으로 인해 많은 어려움을 겪는다. 그러나 약점이나 단점이 삶을 꼭 어렵게 하는 것만은 아니다.

알렉산더 플레밍(Alexander Fleming)에게 노벨 의학상을 안겨 준 페니실린은 의학계의 가장 위대한 발명으로 손꼽히고 있다. 이것은 플레밍의 약점 때문에 얻은 거룩한 수확이었다. 평소 덜렁거리는 성격의 플레밍이 영국 런던 의과대학 교수 시절에 있었던 일이다. 당시 어린아이들에게 유행하던 부스럼을 연구하고 있었다. 실험섭시마다 세균을 배양하여 오랜 세월 동안 연구하던 어느 날 깜빡하고 뚜껑을

닫지 않은 채 퇴근을 했다. 다음 날 아침에 출근해 보니 실험 접시마다 새파란 곰팡이가 끼어 있었다. 오랜 시간 동안의 연구가 수포로 돌아가게 생겼다. 그런데 놀랍게도 그 접시들마다 잔뜩 배양돼 있던 세균이 온데간데없이 사라진 것이다. 바로 그 푸른곰팡이로부터 페니실린을 발명하게 되었다. 그래서 폐렴, 늑막염 등 우리 몸의 염증을 제거하는 데 탁월한 약품을 발견하게 된 것이다. 훗날 플레밍은 그렇게 술회했다. "나의 발명은 위대한 실수가 가져다준 축복이었다. 나의 약점과 단점이 오히려 내게 복을 안겨 주었다."

누구나 단점이 있다. 퍼블릴리어스(Publilius)는 "가장 나쁜 것은 단점을 모르고 살아가고 있다는 것이다."라고 말했다. 이러한 단점을 깨닫고 장점으로 만들어야 한다. 긍정적 삶의 자세로 바꾸어야 한다. 레만(A.G. Lehmann)은 "나의 단점은 좋은 교사가 될 수 있다."고 했다. 단점을 통해 자신의 삶을 되돌아보고 새로운 모습으로 달려가자. 그러면 어떻게 단점을 장점으로 바꾸는 인생을 살 수 있는가?

:: 단점을 대하는 자세

사람들은 흔히 능력과 재능이 있는 사람이 큰일을 할 수 있다고 생각한다. 남다른 장점이 많은 사람만 큰일을 할 수 있다고 생각한다. 또 하나님도 그런 사람만 좋아하시고 그런 사람만 쓰신다고 생각한다. 그러나 하나님이 풍성한 재능과 재력, 영향력을 가진 사람만 쓰신다는 생각은 착각이다. 물론 자신이 가진 장점 때문에 하나님을 위해 아름답게 쓰임받았던 사람도 많다. 그러나 반대로 그들이 가졌던 장점 때문에 오히려 하나님을 의지하지 않고 세상에만 집착해 썩어 없어질 세상일만 하다 인생이 끝나 버린 사람이 얼마나 많은가?

영국의 시인 바이런(Byron)은 미남에 부자였다. 그리고 걸출한 시인이었다. 그래서 향락과 즐거움을 만끽하며 살았다. 그러나 그는 말년에 "내 인생은 말라빠진 낙엽 한 장과 같구나. 나는 버러지처럼 살았다. 이제 내게 남은 것은 슬픔과 고독뿐이다."라고 말했다.

권세를 한 몸에 지니고 세계를 정복했던 나폴레옹도 "나의 사전에 불가능은 없다."고 떠들었지만 세인트헬레나 섬에 유배되어 살 때, "나는 세상에 남긴 것이 아무것도 없다. 나는 빈손이었다. 나사렛 예수여 당신만이 위대한 나라를 세웠습니다. 당신만이 진정한 승리자입니다."라고 고백했다.

그리고 세상 부귀영화를 한 몸에 지니고 살았던 솔로몬 왕이 있다. 그는 부인이 1,000명이었고, 그가 사는 모든 궁은 금으로 장식되어 있었다. 솔로몬은 지혜와 지식 문학에 탁월한 능력이 있었다. 솔로몬은 말년에 그렇게 고백했다.

> 헛되고 헛되며 헛되고 헛되니 모든 것이 헛되도다 해 아래서 수

고하는 모든 수고가 사람에게 무엇이 유익한가(전 1:2~3)

이 땅에 자신이 가졌던 장점 때문에 망한 사람들의 이야기는 백과사전에 기록하고도 넉넉히 남음이 있을 것이다. 반면 세상 사람들의 눈에 약점이 많은 사람이 있다. 평범하고 잘난 구석이 없었지만 오히려 하나님만 의지하고 믿음으로 승리하며 살았던 사람들이다. 하나님 앞에 멋지게 쓰임받았던 사람들이 또 얼마나 많이 있는지 모른다.

심리학자 말츠(Maltz)는 "이 세상 95%의 사람은 자신의 어떤 약점 때문에 열등감을 가지고 살아간다. 그런데 문제는 내 약점이 무엇인가에 있는 것이 아니라 그 약점을 어떻게 이해하느냐, 어떻게 받아들이느냐, 어떻게 극복하고 살아가느냐의 여하에 따라서 그의 인생이 달라진다."고 말했다. 하나님의 사람들은 약점 때문에 망하지 않는다. 약점 때문에 하나님으로부터 버림받지 않는다. 약점 때문에 실패하는 삶을 살아가지 않는다.

:: **단점을 쓰임받은 에훗**

성령님은 우리의 연약함을 싫어한다고 말하지 않았다. 오히려 연약함을 도우신다고 말씀하신다. 우리의 약점은 오히려 하나님을 만날 수 있는 접촉점이 될 수 있다. 괴테는 "자기의 단점을 깨닫고 잘못을 고치는 일은 최고의 행복이다."라고 말했다. 그 단점을 통해서 하나님 앞에 나아가는 것이다. 그리고 도우심을 구하는 것이다. 성경은 이에 대해 다음과 같이 말하고 있다.

> 이와 같이 성령도 우리 연약함을 도우시나니 우리가 마땅히 기도할 바를 알지 못하나 오직 성령이 말할 수 없는 탄식으로 우리를 위하여 친히 간구하시느니라(롬 8:26)

성경은 에훗을 왼손잡이라고 한다. 왼손잡이 하면 무슨 생각을 하는가? 오른손보다도 왼손을 더 잘 쓰는 사람이라고 생각하기 쉽다. 그러나 이 표현은 에훗이 오른손에 장애를 가지고 있는 사람이라는 뜻이다. 그래서 어쩔 수 없이 왼손을 썼다. 민족을 구원할 사사가 오른손을 쓰지 못했다? 이 말씀이 내포하는 의미는 무엇인가? 세상적으로는 끝장나고 별 볼일 없는 사람이라는 것이다. 오른손잡이 세계인 베냐민 지파에서 왼손잡이인 사람은 큰 장애를 가진 것이다. 인정받지 못하고 쓰임받지 못하는 사람인 것이다.

그런데 그 왼손잡이를 하나님이 들어 쓰셨다. 베냐민 지파의 아들이 태어나면 당당히 힘 있는 오른손잡이가 태어나야 하는데 왼손잡이가 태어났다. 그런데 하나님이 그 아들을 사용하시는 것이다. 왜 그렇게 하셨는가? 힘 있는 사람만 쓸 것이라는 세상 사람들의 고정관념을 깨뜨리시려는 것이다. 당시는 하나님의 왕권을 인정하지 않고 각자 자기 소견에 옳은 대로 살던 시대였다. 저마다 제 잘난 맛에 살던 시대였고, 세상적으로 잘나고 똑똑한 사람이 성공하는 시대였다. 용맹스럽고 건강한 사람들이 자신을 뽐내고 자랑하던 시대였다.

그러나 하나님은 그런 시대에 메시지를 던지셨다. 너희들이 잘났으면 얼마나 잘났느냐는 것이다. '하나님은 약한 자를 들어 강한 자를 부끄럽게 하시는 분이다. 하나님은 없는 자를 택하여 있는 자를 폐하시는 분이다. 하나님은 낮은 자를 택하여 높은 자들을 부끄럽게 하시는 분이다.' 바로 이 메시지를 당대에 전해 주고 싶었던 것이다.

이렇게 편견과 교만을 없애기 위해 하나님이 등장시킨 인물이 바로 에훗이다. 에훗에 대해 연구하던 한 성경학자는 그에 대해 다음과 같이 짤막한 기록을 남겼다. '오른손을 쓰지 못하던 에훗, 그는 자신의 단점 때문에 하나님을 의지하고 살았다. 그랬더니 예수의 오른손이 에훗의 오른손이 되었다. 오른손을 쓰지 못했던 에훗, 의지할 것이 없는, 힘없는 에훗, 그가 하나님을 의지했더니 오른손 없는 에훗을 하나님이 붙들어서 하나님이 친히 에훗의 오른손이 되어 주셨다.'

하나님의 오른손이 에훗의 오른손이 되어 주셨다. 약점과 단점이 하나님을 더욱 의지하게 했다. 예수님에게 의탁할 때 그분의 오른손이 에훗과 함께하셨다. 예수님이 하나님 보좌 우편에 계신다고 성경은 말씀하고 있다. 성경에서 오른쪽은 언제나 능력의 편을 의미한다.

〈시편〉을 읽다 보면 우리가 연약할 때에 주의 오른손이 도우신다는 것을 발견할 수 있다. 지쳐 쓰러지고 넘어질 때에 하나님의 크신 오른손이 우리를 붙들어 세워 주신다는 약속의 말씀이다. 우리의 약점, 단점이 무엇인가? 그것 때문에 절망하거나 좌절, 낙심할 필요가 없다. 하나님은 우리를 버리지 않으시기 때문이다.

에훗처럼 신체적인 약점을 가지고 있는가? 아니면 정신적, 영적, 환경적인 약점을 가지고 있는가? 하나님은 우리가 약점을 장점으로 바꾸고 단점을 장점으로 삼아 강하게 쓰임받기를 원하신다.

약점 때문에 콤플렉스가 있는가? 열등감을 가지고 살면 불평분자가 된다. 초라한 인격의 소유자가 된다. 세상 사람들은 약점 있고 연약한 사람을 싫어한다. 흠 있는 사람도 싫어한다. 또한 인생에 무거운 짐을 짊어지고 살아가는 사람을 싫어한다. 그러나 하나님은 약점 있는 사람들을 불러 모으신다.

> 수고하고 무거운 짐 진 자들아 다 내게로 오라 내가 너희를 쉬게 하리라(마 11:28)

예수님의 사랑을 체험하고 그 능력을 발휘해야 한다. 예수님의 사랑과 능력을 두고 왜 약점을 끌어안고 근심하며 사는가? 약점에 억눌려 열등감에 시달리며 사는가? 예수님 앞으로 나아가야 한다. 예수님의 십자가는 참 신비한 곳이다. 예수님의 십자가는 능력이다. 그곳은 죽음이 영원히 패한 곳이며, 죄인이 의인으로 변하는 곳이다. 예수님의 능력은 인류 역사상 모든 죄인을 품고도 남음이 있으니 예수님의 십자가를 의지하여 성공과 소망의 열매 맺기를 바란다.

:: 단점으로 인한 행복한 회복

행복한 회복을 경험하면 어떻게 되는가? 자신의 단점을 긍정적으로 받아들일 수 있게 된다. 브루너(Brunner)라는 신학자의 기도문 가운데 이런 내용이 있다. '내가 고칠 수 있는 것은 고칠 수 있는 용기를 주시고, 내가 고칠 수 없는 것은 담대히 받아들일 수 있는 평온함을 주시고, 내가 고칠 수 있는 것과 고칠 수 없는 것을 분별할 수 있는 지혜를 내게 주시옵소서.' 행복한 회복을 알고 나면 내 약점 안에 숨어 있는 하나님의 뜻을 알게 된다. 그래서 나약하든지 건강하든지 하나님의 은혜를 덧입을 수 있고, 부하든지 가난하든지 하나님에게 영광 돌리는 삶을 살 수 있다.

약점을 고쳐 달라고 기도할 수도 있다. 그러나 내가 고칠 수 없는 약점 안에 하나님의 뜻과 은혜가 있음을 발견하는 것이 중요하다. 사도 바울은 많은 성도 앞에서 하나님은 살아 계시고, 능력 있는 분이라고 증거했다. 그는 죽은 자를 살리고, 병든 자를 낫게 하는 등 기적을 일으키며 복음을 전하고 있었다. 그런데 정작 자기 몸에 가시가 있는 무서운 병이 있었다. 하나님 앞에 영광이 되지 않는다고 생각했다.

그래서 바울은 '하나님의 종이 이렇게 연약해서 어떻게 복음을 전하겠는가? 복음을 전하는 주의 종이 많은 성도 앞에서 이런 모습을 보이면 무엇이라 하겠는가?'라고 생각해 기도했다. "하나님, 나를 고쳐 주십시오." 세 번 간절하게 기도했을 때 하나님이 말씀하셨다.

내 은혜가 네게 족하도다 (고후 12:9)

사도 바울은 감사하기로 결단했다. '나는 나의 단점으로 도리어 크게 기뻐한다. 나는 나의 단점을 자랑하노라. 그때 예수님의 능력이 내게 머무는 것을 내가 깨달았노라.'

나의 단점을 약(藥)으로 삼아 강점으로 바꾸어 살아가야 한다. 이것이 바로 하나님 사람들의 인생이다. 단점 속에 숨어 있는 하나님의 은혜를 발견하고 감사해야 한다. 이것이 신앙인이 지녀야 할 삶의 태도다. 나의 단점을 통해 어떻게 하나님을 섬길까? 내 단점 속에서 어떻게 하나님이 강력하게 역사하시도록 할까? 이것이 하나님 백성의 기도 제목이다. 하나님은 약한 자를 들어 강한 자를 부끄럽게 만드는 분이기 때문이다. 약한 자로 강하게 하시이 빈드시 들이 쓰실 것이다. 나의 단점을 통해 강하게 쓰실 하나님을 바라보며 나아가야 한다.

장점을
바라보라

　미국에서 큰 한인교회를 이끌고 있는 목회자 이야기다. 이분은 '보청기 목회'로 잘 알려져 있다. 귀가 잘 안 들려 보청기를 끼고 있는데 다른 사람이 부정적인 말을 할 때나 이웃에 대해 매도할 때 혹은 극한 감정을 표출할 때 슬그머니 보청기를 귀에서 빼 버린다고 한다. 그리고 아무 소리도 안 듣는 가운데 기도에 몰두한다. 그러면 시간이 지나 '거품 현상'이 사라지고 모든 일이 원만하게 해결된다고 한다. '약점'을 신앙으로 승화시켜 '강점'으로 만든 사례다. 누구에게나 단점은 있을 수 있다. 그러나 그 단점만 보지 말고 장점을 바라봐야 한다. 따라서 한 가지의 단점보다 99가지의 장점을 활용해야 한다. 지금 당신은 무엇을 바라보고 있는가? 단점인가, 장점인가?

[단점의 변화]

단점을 대하는 자세

하나님의 사람들은 약점 때문에 망하지 않는다. 약점 때문에 하나님으로부터 버림받지 않는다. 오히려 남다른 장점을 가지고 있을 때 하나님을 의지하지 않을 수 있다. 또 세상에만 집착하고 썩어 없어질 세상일만 하다가 인생이 끝나 버릴 수도 있다.

Q. 자신만이 느끼는 약점들로 인해 힘들었던 것은 무엇인가?

단점을 쓰임받은 에훗

이스라엘의 사사 에훗은 왼손잡이다. 그런데 이것은 오른손에 장애가 있다는 것을 뜻한다. 그는 장애자였지만 자신의 신체적 약점을 극복하고 이스라엘의 구원자가 되었다. 약점이 있다면 사랑의 주님을 만나야 한다. 그럴 때 약점이 오히려 귀하게 쓰임받을 수 있다.

Q. 적은 능력으로도 하나님의 일을 할 수 있다면 지금 당신에게 필요한 것은 무엇인가?

단점으로 인한 행복한 회복

행복한 회복의 경험이 일어나면 단점을 긍정적으로 받아들인다. 또 내 약점 안에 숨어 있는 하나님의 뜻을 발견한다. 사도 바울처럼 약점을 고쳐 달라고 기도할 수 있지만 고칠 수 없는 약점 안에는 분명히 하나님의 숨은 뜻이 있다. 내 단점을 통해 일하시는 하나님의 은혜를 발견해야 한다.

Q. 하나님에게 쓰임받을 수 있는 당신의 약점이 있는가? 이를 위해 기도하자.

위대한 승리 | 회복의 기회 | 우울증 탈출
함께하시는 분 | 열등감 정복 | 고통의 의미
유익한 고난 | 회개하는 죄인 | 물질의 사명 | 믿음의 동행

Change 2
환경을 바꿔라

CHAPTER 1
위대한 승리

환경에서의 역전 | 인간관계에서의 역전 | 죽음에서의 역전

위대한 승리

나의 간절한 기대와 소망을 따라 아무 일에든지 부끄러워하지 아니하고 지금도 전과 같이 온전히 담대하여 살든지 죽든지 내 몸에서 그리스도가 존귀하게 되게 하려 하나니 _빌 1:20

미국의 유명한 웅변가인 로버트 그린 잉거솔(Robert Green Ingersoll)은 "이 세상에서의 진정한 용기는 끝까지 낙심하지 않고 패배를 견디는 것이다."라고 했다. 로마의 시인인 오비디우스(Ovidius)는 "용기는 모든 것을 정복하며 나약한 육체에 힘을 더해 준다."고 말했다. 그리스도인에게는 모든 환경과 어려움을 극복할 수 있는 능력이 있다. 잘려 죽은 거대한 통나무는 물결 속에 떠내려가지만 살아 있는 작은 피라미는 물결을 거슬러서 올라간다.

이와 마찬가지로 교회에 나오더라도 그 믿음이 죽어 있다면 세상의 물결 속에 떠내려갈 수밖에 없다. 반면에 어려움에 처했을지라도 믿음이 살아 있는 그리스도인들은 제약과 한계를 뛰어넘어 승리한다. 그런 면에서 그리스도인들을 '역전의 명수'라 부를 수 있다. 때로는 넘어지고 패배하는 듯하지만 그리스도인의 믿음에는 상황을 반전시키고 역전시키는 힘이 있다.

사도 바울의 생애에는 수많은 역경과 시련이 있었다. 하지만 그는 이런 악조건 속에서도 오히려 기뻐했다고 말한다. 그가 쓴 〈빌립보서〉는 감옥에 갇혀 있을 때 기록한 옥중서신이다. 그는 갇혀 있는 상황 속에서도 기뻐했고, 그리스도인들에게도 기뻐하라고 말했다. 그는 그리스도인이 누릴 수 있는 참된 기쁨의 본질을 발견한 것이다. 기쁨은 주변 환경이 호의적이고 평안할 때 찾아오는 것이 아니다. 기쁨은 어떤 상황에서도 자신의 삶을 반전시키시는 하나님의 역전의 역사를 믿을 때만 누릴 수 있다.

세계적인 트럼펫 연주가 루이 암스트롱은 이런 말을 했다. "당신 속에 음악이 있다면 음악에 대한 정의가 필요 없다. 그러나 당신 속에 음악이 없다면 아무리 음악에 대한 훌륭한 정의를 내린다 할지라도 당신에게는 아무런 소용이 없을 것이다." 음악이 무엇인지 알고자 한다면 내 속에 음악이 있어야 한다는 뜻이다. 현대인들이 기쁨을 모르는 것은 기쁨에 대한 정의를 몰라서가 아니다. 기쁨을 다 빼앗기고 마음속에 기쁨이 남아 있지 않기 때문이다. 그렇다면 어떻게 힘든 환경과 여건 속에서 역전의 삶을 살 수 있는가?

:: 환경에서의 역전

사도 바울은 "형제들아 나의 당한 일이 도리어 복음 전파에 진전이 된 줄을 너희가 알기를 원하노라."(빌1:12)라고 말하면서 그의 환경을 역전시켰다.

여기서 "나의 당한 일"이란 바울이 로마 감옥에 갇히게 된 사건을 말한다. 감옥에 갇히기를 원하는 사람이 있겠는가? 특별히 사도 바울은 복음을 더 많이 전파하기 위해 자유의 몸이 되기를 간절히 원했지만 환경은 그를 감옥에 가두고 말았다. 일반 사람들은 이런 위기를 겪으면 자포자기하게 된다. 대개는 '올바로 살아 보겠다 몸부림치는 나를 5년동안 감옥에 가두다니 어찌 이럴 수 있단 말인가? 내가 복음을 전하기 위해서 이렇게 달려왔는데 어찌 이럴 수 있는가. 이제 나의 모든 것은 끝났다. 포기하자. 그만두자. 전도고 복음이고 이제 나는 끝이다.'라고 생각할지 모른다.

그러나 사도 바울은 "감옥이 나의 꿈을 빼앗아 가지 못할 것이다. 환경이 생의 목적을 뒤집어 놓지 못할 것이다."라고 말했다. 바울은 환경을 뒤집는 역전의 삶을 살았다. 물론 환경을 역전시키는 일이 결코 쉽지만은 않다. 우선 신앙인은 생의 목적이 분명해야 한다. 인간은 그 생의 목적만큼 고상해진다는 말이 있다. 무언가 일을 하기 이전에 삶 전체의 목적을 바로 세워야 한다.

사도 바울의 생의 목적이 무엇이었는가? 그것은 복음 전파였다.

그렇기 때문에 그가 맞이하는 모든 것의 평가 기준이 복음 전파였다. 그것이 고난이든 혹은 평안이든 그로 인해 복음 전파에 성공하면 유익이요, 복음 전파에 실패하면 해악이라고 생각했던 것이다. 매일같이 맛있는 산해진미를 배불리 먹고 살아도 그것으로 인해 복음 전파에 소홀해지고 나태해진다면 그는 삶의 목적을 잃은 채 살고 있는 것이다.

반면에 내가 비록 고난에 처하고 어려움과 실패를 경험하고 있다 할지라도 그것이 도리어 복음 전파에 도움이 되고 있다면 그의 삶은 인생의 목적을 위해 맞게 진행되고 있는 것이다. 사도 바울에게는 기름진 밥을 먹느냐 못 먹느냐, 돈을 버느냐 못 버느냐, 모진 고생을 하느냐 융숭한 대접을 받느냐가 전혀 중요하지 않았다. 그래서 감옥에서 벗어나게 해 달라고 기도하지 않았다. 융숭한 대접을 위해, 기름진 밥을 위해, 출세를 위해 기도하지도 않았다. 하나님을 사랑하는 자 곧 그 뜻대로 부르심을 입은 자에게는 모든 것이 합력하여 선을 이룰 것이라는 하나님 말씀을 믿었기 때문이다.

우리의 모든 환경이 합력하여 반드시 선을 이루게 될 것이라는 사실을 믿는가? 그 어떤 환경도 우연히 전개된 것은 없다. 재수가 없어 그렇게 된 것도 아니고 팔자, 운명도 아니다. 그곳에는 하나님의 위대한 계획과 섭리가 있다. 질병과 실패 속에도 하나님의 뜻과 섭리가 숨겨져 있다.

하나님의 사람들은 남들이 불행이라고 생각하는 환경 속, 실패라고 생각하는 인생의 막다른 골목에서도 하나님의 놀라운 뜻을 발견해야 한다. 그래야만 그의 인생이 새롭게 바뀌고 불행과 실패의 환경을 뒤집는 역전 드라마의 주인공이 될 수 있다. 미국의 여류작가인 카네기(D. Carnegie) 부인은 "하나님은 담대하고 굳센 정신의 소유자를 사랑하신다."고 말했다.

그리스도인은 환경의 지배에서 벗어나 그것을 극복하는 삶을 살아야 한다. 어두운 환경을 넘어서 하나님의 역사하심을 바라보며 역전의 인생을 체험하길 바란다.

:: **인간관계에서의 역전**

우리는 수많은 인간관계 속에서 살아간다. 그 관계 속에서 때로는 우리의 정체성이 정해지기도 한다. 하나님도 우리에게 관계의 중요성을 언급하셨다. 십계명에서 처음 다섯 계명은 하나님과의 관계에 관한 것이고, 나머지 다섯 개는 이웃과의 관계에 관한 것이다.

이토록 중요한 인간관계는 그만큼 당신을 위협하는 요인이 되기도 한다. 관계가 뒤엉켰을 때, 혹은 관계 속에서 누군가에게 비난을 받거나 시기를 당할 때 우리는 마음의 상처를 받는다. 부부간의 갈등이 발생하고 부모 자식간의 신뢰가 깨지기도 한다. 그리고 그 과정에서 상대를 시기하고 때로는 증오하기도 한다. 인간관계의 위기는 우리의 기쁨을 빼앗고 고독하게 만든다. 심지어 현대인들의 간질환과 위장병 등의 원인 중 하나는 인간관계의 뒤틀림에서 오는 스트레스라고 한다.

빌립보서 1장 16절에 보면 '이들'이라고 하는 일단의 무리가 나온다. 그리고 1장 17절에 '그들'이라고 표현되는 사람들이 등장한다. '이들'은 바울을 따르고 돕는 사람들이며, '그들'은 바울을 이해하지 못하고 괴롭히는 사람들이다. 그들은 오히려 바울이 감옥에 있는 것을 다행으로 여기는 사람들이다. 그들은 예수님을 안 믿거나 무신론자들이 아니었다. 함께 복음을 전하는 동지들임에도 바울을 이해하지 못하고 시기하고 괴롭히는 사람들이었다. 그래서 그들은 바울이 없는 사이에 자기들의 위치를 확보하기 위해 부지런히 복음을 전하고 있었다.

그러면 무엇이냐 겉치레로 하나 참으로 하나 무슨 방도로 하든지 전파되는 것은 그리스도니 이로써 나는 기뻐하고 또한 기뻐하리라(빌 1:18)

하지만 바울은 "너희들은 나를 불행하게 만들 수 있을 것이라 생각할지 모른다. 내게 괴로움을 더하기 위해 그 일을 했을 것이다. 그러나 나는 도리어 그로인해 기뻐한다. 나는 너희들로 인해 나의 행복을 빼앗기지 않겠다. 오히려 기뻐하고 기뻐하리라."고 말했다.

그들이 바울을 시기하고 미워했지만, 바울은 그것으로 인해 괴로워하지 않았다. 하나님의 일이 바울을 통해서만 이루어져야 된다고 생각하지 않았기 때문이다. 비록 그들이 바울을 시기했지만 그들을 통해 하나님의 일이 이루어지는 것을 보며 기뻐했던 것이다. 바울은 그 상황을 자신의 관점에서가 아니라 예수님의 관점에서 봤던 것이다. 옹졸한 인간의 시선에서 벗어나 예수님의 시선으로 비전을 살폈던 것이다. 모든 일이 자기를 통해서만 이루어져야 한다고 믿는 사람은 절대로 이러한 참된 기쁨을 누릴 수 없다.

많은 인간관계의 어려움 속에는 만사를 자기중심으로 해야 한다는 욕심이 자리 잡고 있다. 잘못된 욕심을 부리는 사람은 타인의 사역을 이해하지 못한다. 또한 자신만 옳다는 아집이 꺾이기 전까지 그 사람은 하나님의 일을 하는 것이 아니다. 그저 자신의 일을 하는 것이다. 사람들과 함께 일을 진행하게 될 때 나의 편협한 생각을 털고 상대의 뜻을 존중하는 자세를 가져야 한다.

영국의 시인 로버트 헤릭은 "모든 일에 덕행으로 사는 자가 진정으로 승리하는 자다."라고 말했다. 모든 일에 합력하여 선을 이루는 모습으로 살아야 한다는 것이다.

사도 바울의 넓은 마음을 배워야 한다. 그는 원수를 통해서 이루어진 일도 기뻐했다. 비록 그들의 일이 순수한 동기에서 시작된 것이 아닐지라도 그것으로 인해 예수님이 전파되었으니 기뻐했다. 내가 당한 일에 나의 존재와 목숨을 다 걸면 초라한 인생이 될 수밖에 없다. 그러나 그 일을 통해 오히려 자신을 격려하고 더 큰 하나님의 뜻을 발견하게 된다면 하나님이 반드시 축복해 주신다.

참된 그리스도인은 인간관계를 건강하게 세워 갈 줄 아는 사람이다. 원수로 인해 내 행복을 잃지 않는 사람이다. 신앙생활을 하면서 사람들과의 관계에서 오해와 불신으로 고통을 당하고 있는가? 바울처럼 넓은 심정과 마음을 가지고 그들을 수용하고 이해하고 용서하길 바란다. 인간관계의 실패자가 아니라 오히려 그 어려움들을 역전하여 아름다운 승리자의 삶을 살게 될 것이다.

:: 죽음에서의 역전

어린이들은 하루 빨리 어른이 되고 싶어 한다. 하지만 어른이 되고 나이가 들수록 사람은 죽음에 대한 두려움을 경험하게 된다. 인간의 유한성은 우리의 기쁨을 빼앗아 가는 요인이 되기도 한다. 하지만 그리스도인은 죽음까지 역전시키는 삶을 살아야 한다. 죽음의 두려움을 영생의 기쁨으로 바꾸는 자세가 필요하다.

모든 것은 유한하다. 인간의 소유 중에 영원한 것은 없다. 지금 많은 돈을 가졌다 해도 그것은 영원하지 않다. 사회적으로 높은 위치에 올랐으나 분명 언젠가는 그 자리에서 내려올 것이다. 지금은 젊으나 언젠가 늙을 것이며 그 힘을 잃게 될 것이다. 그리고 지금은 살아 있으나 언젠가는 죽음을 경험하게 될 것이다. 인간은 이러한 삶의 유한성으로 인해 죽음을 걱정하며 불안해한다.

하지만 바울에게는 죽음에 대한 두려움이 없었다. 언제 죽을지 모르는 절박한 상황에서도 두려워하지 않았다. 오히려 그는 죽음의 문제를 깨끗이 해결하고 살았다.

> 나의 간절한 기대와 소망을 따라 아무 일에든지 부끄러워하지 아니하고 지금도 전과 같이 온전히 담대하여 살든지 죽든지 내 몸에서 그리스도가 존귀하게 되게 하려 하나니 이는 내게 사는 것이 그리스도니 죽는 것도 유익함이니라 (빌1:20~21)

살아도 유익하지만 죽음 또한 환영할 수 있다는 바울의 용기가 놀랍다. 목회를 하다 보면 종종 임종을 지켜야 할 때가 있는데 가끔 "목사님, 나는 지금 죽을 수 없어요. 살려 주세요. 한 번만 살려 달라고 기도해 주세요."라고 울부짖으며 죽음을 두려워하는 사람들의 모습을 마주한다. 그때마다 인간 존재의 왜소함과 연약함을 느낀다.

반면에 "하늘나라에서 만납시다."라고 말하며 오히려 세상에 남게 될 주위 지인들을 위로하는 사람도 있다. "저는 준비가 다 되어 있습니다. 예수님은 여전히 존귀한 분입니다."라고 예수님을 찬양하는 사람들의 모습을 통해 위대한 승리를 느낀다. 그리스도인들은 죽음 또한 역전시키는 인생들이다. 예수님은 죽음을 뒤집어 부활하신 분이다. 유한한 인생의 한계를 뒤집을 수 있는 힘이 어디서 나오는가? 바로 예수님이다. 오직 예수님 안에서만 이러한 힘이 생긴다.

어거스틴은 어느 날 밤 주님을 사모하는 마음으로 기도하다가 잠이 들었다. 그는 꿈에서 사랑하는 예수님을 만났다. 예수님은 어거스틴에게 이렇게 말씀하셨다. "나의 아들아, 너는 나에게 무엇을 원하느냐?" 이에 어거스틴은 이런 유명한 말을 했다. "아무것도 원하지 않습니다. 다만 예수님만을 원합니다. 오직 예수님만을 원합니다."

사도 바울은 환경을 역전하는 삶을 살았다. 그는 인간관계의 어려움 역시 역전했다. 더 나아가 그는 인간의 죽음마저도 역전하는 삶을 살았다. 그것은 예수님 안에서 기뻐하는 부활의 삶이었다. 죽음을 두려워하고 있는가? 사망도 우리 앞에 무릎을 꿇고 말 것이다. 죽음 앞에서도 의연하게 하나님을 찬양하며 기뻐했던 바울의 모습을 바라보자. 그리고 우리 마음속에서 죽음에 대해 두려워하고 굴복하고 있는 연약한 모습을 버리자.

환경의 어려움이 우리의 기쁨을 빼앗아 갔는가? 인간관계의 문제들이 행복을 앗아가고 있는가? 죽음이 우리를 두렵게 하는가? 우리는 하나님의 자녀다. 예수님은 그 모든 것을 역전시키는 힘과 능력이 있으시다. 성경은 지금도 우리에게 단호한 목소리로 말하고 있다. '하나님의 자녀들은 역전의 인생들이니라.'

인생의 역전을
기대하라

　1844년 5월 24일, 인류 최초로 전신기를 통해 워싱턴에서 64km 떨어진 볼티모어까지 모스부호가 전해졌다. 이 전신기를 발명한 새뮤얼 모스는 무려 11년 동안 말할 수 없는 고난을 겪으며 연구에 몰입했다. 새뮤얼 모스가 이런 역경을 이기게 해 준 것은 신앙이었다. 그는 크리스천 과학자로서 기도하며 난관을 극복했다. 그래서 그가 보낸 최초의 모스부호는 민수기 23장 23절이었다. "하나님께서 행하신 일이 어찌 그리 크냐."

　C.S. 루이스(1898~1963)는 영국이 낳은 유명한 크리스천 작가다. 그의 대표작 《스크루테이프의 편지》에서 선배 악마 스크루테이프가 후배 악마에게 인간을 유혹하는 법을 가르치는 내용이 나오는데 특히 인간의 의지를 자꾸 꺾으라고 충고한다. 루이스는 많은 역경을 거친 작가다. 사랑하는 아내를 잃고 난 후 그는 아내가 이렇게 속삭이는 듯한 음성을 듣고 힘을 얻었다고 한다. "여보, 슬픔을 당한 곳은 눈물의 골짜기지만 기운을 내세요. 그곳은 삶의 또 다른 시작이지요." 이들은 한결같이 역전의 인생을 살았다. 당신의 눈앞에도 이미 역전의 인생이 기다리고 있다.

[위대한 승리]

환경에서의 역전

우리를 위협하는 첫 번째 요인은 환경이다. 사도 바울은 복음을 전하다 감옥에 갇히게 되었다. 하지만 환경 역전의 인생을 살았다. 이유는 복음 전파라는 목적 때문이다. 내가 비록 고난에 처하고 어려움이 와도 환경 너머에 있는 하나님을 바라보면 환경 역전의 인생을 살게 된다.

Q. 하나님과의 관계를 가로막는 당신의 환경적 요인들은 무엇인가?

인간관계에서의 역전

우리를 위협하는 두 번째 요인은 사람이다. 사람과의 관계가 잘못되면 마음의 상처를 받는다. 큰 이유 없이 절망하게 된다. 하지만 그리스도인은 넓은 마음을 가지고 상대방을 수용하고 이해하고 용서해야 한다. 그럴 때 인간관계에서 아름다운 역전의 삶을 살게 된다.

Q. 관계 속에서 겪었던 갈등들은 무엇인가?

죽음에서의 역전

우리의 기쁨을 빼앗아 가는 세 번째 요인은 인간의 유한성, 즉 죽음이다. 그러나 그리스도인은 죽음을 뒤집어 영생으로 살아가는 역전의 명수들이다. 바울은 언제 죽을지 모르는 절박한 상황이었으나 두려워하지 않았다. 왜냐하면 예수 그리스도 안에 부활의 능력이 있기 때문이다.

Q. 자신이 삶에서 느끼는 한계들은 무엇이며, 그것을 십자가에서 어떻게 처리하고 있는가?

CHAPTER 2
회복의 기회

민족의 위기 | 민족의 아픔 | 민족의 회복

회복의 기회

당신이 가서 수산에 있는 유다인을 다 모으고 나를 위하여 금식하되 밤낮 삼 일을 먹지도 말고 마시지도 마소서 나도 나의 시녀와 더불어 이렇게 금식한 후에 규례를 어기고 왕에게 나아가리니 죽으면 죽으리이다 하니라_에 4:16

미국의 지미 카터 대통령은 "나라의 위기는 각성을 낳고 각성은 참신하고 창조적인 방향을 낳는다."고 말했다. 닉서(Nixor)는 "위기란 위험과 기회의 뜻이다. 위기에서 위험도 나오려니와 기회도 알아보라."고 말했다.

세계의 경제가 날마다 추락하고 있다. 마이너스 성장은 기본이고 언제까지 추락할지 아무도 예측할 수 없는 경제 위기를 맞고 있다. 이런 상황은 한국도 예외가 아니다. 지금 한국의 정치는 국민에게 희망을 주기에는 갈 길이 멀어 보인다. 경제적 양극화는 악화되고 계층 간 위화감은 날로 심각하다. 더욱이 보수와 진보의 벽은 날수록 높아져만 간다. 문화는 무질서와 성(性)적 타락의 늪에 빠져 헤매고 있다.

인터넷 강국이 인터넷 천국은 아닌 모양이다. 음란물과 폭력, 동반 자살, 청부 살인 사이트들이 인터넷을 뒤덮고 있다. 조그마한 땅이 남북으로, 동서로, 세대 계층 간으로 마음이 찢겨져 있다.

위기의 시대와 위기의 땅에서 무엇을, 어떻게 해야 할까. 기독교에는 국경이 없다. 그러나 그리스도인에게는 조국이 있다. 모든 애국자가 그리스도인은 아니다. 그러나 모든 그리스도인은 애국자여야 한다. 그러면 그리스도인들은 어떻게 살아야 하는가? 성경에서 하나님은 위기를 어떻게 말씀하셨을까?

:: **민족의 위기**

순자는 "군사는 멸망할 수밖에 없는 곳에 몰아넣어야 비로소 생명을 온전하게 하려는 활약이 나오고, 죽을 수밖에 없는 곳에 떨어뜨려야 비로소 살아남으려는 활동이 생긴다."고 말했다. 국가나 민족이 어려움을 당할 때 비로소 민족을 생각할 수 있는 기회가 생긴다. 위기 상황에서 민족의 어려움을 가슴에 안고 기도할 일꾼이 나온다.

〈에스더서〉는 이스라엘 해방절인 부림절의 유래를 기록한 책이다. '부림'이란 '제비뽑기'라는 뜻이다. 유대인들을 전멸시키려는 음모를 꾸민 페르시아 대신들의 우두머리였던 원수 하만에게서 풀려난 것을 기념하는 날이다. 제비를 뽑아 유대인을 진멸하려 했던 하만은 스스로 멸망했다. 민족의 슬픔이 변하여 기쁨이 된 날이다. 죽음의 위기에서 벗어나 민족에게 새로운 기회가 생긴 날이다.

하루하루 현실에 파묻혀 살던 사람들이 하나님에게 돌아와 기도하고 민족 공동체의 소중함을 깨달은 기회가 됐다. 참으로 놀랍고 행복한 축제가 부림절이다. 〈에스더서〉의 이야기는 페르시아가 세계를 지배하고 있던 주전 500년을 전후로 해서 일어난 사건이다.

왕이 내린 조서의 내용은 12월 13일 하루 동안에 남녀노소 할 것 없이 유대인을 모조리 죽이고 그들의 재산을 약탈하라는 것이었다. 이때 에스더의 사촌 오빠 모르드개는 이토록 무시무시한 음모가 진행되고 있다는 사실을 알고 에스더 왕비를 찾아갔다. 그리고 자초지종을 이야기한 후 에스더에게 두 가지 충고를 하게 되는데, 그 첫 번째 충고다.

> 너는 왕궁에 있으니 모든 유다인 중에 홀로 목숨을 건지리라 생각하지 말라(에4:13)

여기서 "홀로 목숨을 건지리라 생각하지 말라."는 것은 민족의 위기가 닥쳤을 때 편한 위치에 있다는 이유로 혼자 빠져나가지 말라는 경고였다. 에스더를 향한 모르드개의 이 충고는 2,500년 전의 절규만은 아니다. 오늘날 우리를 향한 외침이다. 우리에게 가정과 직장이 있고 하루하루를 편히 산다고 해서 무관심해도 되는 문제가 아니라는 것이다. 인간은 인간으로서의 도리가 있고, 국민은 국민으로서의 갈 길이 있듯이, 신앙인은 신앙인으로서의 삶이 있다.

만약 나 혼자 편히 잘 먹고 잘산다 해서 민족의 문제를 외면한다면 모든 민족이 위기를 맞게 될 것이다. 이런 경우를 '공동운명체'라고 한다. 자식이 죽어 가는데 어찌 부모가 가만히 있을 수 있는가? 남편이 파멸해 가는데 어찌 아내 된 사람이 보고만 있을 수 있겠는가? 가정처럼 교회나 국가, 민족도 마찬가지로 관심을 갖고 책임감을 느껴야 할 공동체다.

공동운명체란 마치 태평양에 떠 있는 한 척의 배와 같다. 배가 침몰하면 선장, 갑판장, 선원과 승객들이 다 함께 물에 빠져 죽는다. 국가가 잘되어야 개인과 가정이 잘된다. 마찬가지로 개인이나 가정이 잘되어야 국가가 잘된다. 이들은 하나의 공동체이기 때문이다. 물론 개인의 운명이 반드시 공동체의 운명일 수는 없다. 그러나 공동체의 운명은 그대로 개인의 운명일 수밖에 없다. 왜냐하면 국가가 멸망하면 개인도 없어지기 때문이다.

나폴레옹은 "최대의 위기는 승리의 순간을 가져온다."고 말했다. 민족의 위기를 기회로 삼아야 한다. 민족의 위기를 하나님을 의지하는 기회로 삼는 것이다. 세계 역사를 살펴보면 영원한 친구, 영원한 동맹은 없다. 이 민족은 하나님밖에 의지할 곳이 없다. 온 국민이 하나님에게 돌아가는 기회로 삼아야 한다. 공동체의 위기를 하나님 앞에 맡기고 영광으로 바꾸는 기회로 삼아야 한다. 하나님은 민족의 위기를 기회로 회복해 주시는 분이기 때문이다.

:: **민족의 아픔**

민족의 아픔은 곧 나의 아픔이다. 나라의 문제와 이웃의 문제 또한 나의 것이다. 오늘 민족의 위기와 아픔 속에서 회복해야 할 과제가 있다면 바로 공동체 의식이다. 모르드개의 충고에 대한 에스더의 응답이 무엇이었는가? 에스더 4장 16절에서 에스더는 모든 민족이 모여 금식하고 합심하여 기도하자고 말한다. 공동체의 문제인 만큼 모두 하나가 되어 해결하자는 것이다.

성경의 모든 위인은 위기 때마다 기도했다. 위대한 민족은 위대한 기도의 역사를 가지고 있다. 위대한 백성은 회개의 역사를 가지고 있다. 나라를 위해 기도하지 않았던 죄를 회개해야 한다. 예수님은 예루살렘의 멸망을 바라보고 울며 기도하셨다. 모세는 자기 이름을 생명책에서 지우는 한이 있어도 이 백성만은 살려 달라고 하나님에게 애원했다. 예수님이 "내 집은 만민이 기도하는 집"이라고 말씀하셨음에도 불구하고 기도하는 사람이 없어 나라가 망하고 있다. 지금까지 나라를 위해 기도하지 못했다. 내 일만 하고 편안한 삶을 즐겼다.

그러므로 이제는 '아, 내가 나라를 망치고 있구나.'라고 생각해야 한다. 대통령이 정치를 잘못해서 나라가 망하는 것이 아니다. 경제가 조금 어렵다고 민족이 망하지는 않는다. 사업이 조금 안 된다고 굶어 죽지 않는다. 문제는 나라를 위해 기도하는 사람이 많지 않다는 것이다. 공동체를 위해 기도하는 사람이 없으면 하나님은 하늘 문을 닫으신다. 그날이 바로 민족이 망하는 날이다. 지금은 온 국민이 하나님 앞에 나아가 기도해야 할 때다. '바로 나 때문에 나라가 망하게 되었다. 나 때문에 교회가 분열이 되었다. 나 때문에 가정이 깨졌다. 그렇기 때문에 내가 새로워지면 나라가 새로워질 것이다.'

온 백성과 함께 금식하며 기도하고 일어선 에스더의 용기를 보자.

규례를 어기고 왕에게 나아가리니 죽으면 죽으리이다(에 4:16)

페르시아 왕궁의 관습에 대해 생각해 보면, 아무리 왕비라 해도 왕이 부르지 않으면 왕 앞에 나갈 수 없는 것이 궁중 법도였다. 바로 여기에 어려움이 있었다. 하만이 유대인을 몰살하기로 정한 12월 13일은 다가오고 왕이 에스더를 부른 지 30일이나 지났다. 그렇다고 궁중 법도를 어기고 그냥 왕 앞에 나아갔다가 모든 일을 그르치게 될 위기를 맞을지도 모른다. 바로 그때 에스더는 자신과 온 민족이 금식하며 기도하자고 요청한 것이다. 에스더는 "기도하자! 민족 구원은 하나님의 손에 달려 있다. 기도하는 일이 다급하고 중요하다. 내 힘으로 도저히 해결할 수 없다."라고 외쳤다.

지금 개인적인 위기나 민족적인 문제 속에서 오늘 해야 할 일은 기도하는 것이다. 기도만이 민족을 구원하고 문제를 해결한다. 이것이 위대한 민족적 회복을 가져오는 힘이다. 시대의 고통과 역경을 가슴에 안고 하나님 앞에 회개하며 기도해야 한다. 기도할 때 비로소 위기가 기회로 바뀐다.

:: **민족의 회복**

하나님은 기도하는 백성에게 영광스러운 회복의 기회를 주신다. 에스더를 향한 모르드개의 두 번째 충고다.

> 네가 왕후의 자리를 얻은 것이 이때를 위함이 아닌지 누가 알겠느냐(에 4:14)

이것은 에스더의 사명을 일깨워 주는 말씀이다. 지금까지 왕비로 살아온 이유가 이때를 위함이 아니더냐? 높은 위치에서 다른 사람들보다 큰 영향력을 행사할 수 있게 된 것은 이때를 위함이 아니더냐? 모르드개의 충고를 듣고 에스더는 '죽으면 죽으리라.'고 결단하고 분연히 일어섰던 것이다. 이 세상에서 가장 무서운 사람은 죽음을 겁내지 않는 사람이다.

로마의 박해자들이 기독교를 이기지 못한 이유는 기독교인들이 죽음을 두려워하지 않았기 때문이다. '죽으면 죽으리라.'는 신앙 때문이었다. 지혜를 얻은 에스더는 임금님에게 나아갔다. 에스더는 '죽으면 죽으리라.' 결단하고 임금 앞에서 '이 민족을 내게 주소서.' 하고 절규했다. 에스더의 청은 부귀영화를 바라는 것이 아니라 진멸 위기에 처한 자기 민족을 구원해 달라는 것이었다.

그러나 예수님 시대에 부귀영화와 관능에 빠져 시동생 헤롯과 함께 살던 왕후 헤로디아는 자신의 부정을 책망하는 세례 요한의 목을 달라고 소청했다. 민족을 살리고 인간을 구원하는 소청이 아니라 의인의 목을 자르라는 것이었다. 같은 왕후의 자리에서 에스더는 민족을 구원해 달라고 하였고, 헤로디아는 의인을 죽이라고 하였다. 바로 이 소청이 한 사람은 만고의 애국자로 다른 한 사람은 만고의 악녀로 갈라놓았다. 우리의 소청과 기도 제목이 곧 우리의 수준이다. 이제 한국교회는 하나님 앞에 조용히 엎드려 이렇게 부르짖어야 한다. "이 민족을 내게 주소서. 이 민족을 당신의 백성으로 삼으소서. 주님의 백성으로 거듭나게 하소서."

예수님도 조국의 멸망을 눈앞에 보면서 피 맺힌 동족애의 눈물을 흘렸다. 예수님은 온 인류를 위해 십자가를 졌으나 자기 민족 이스라엘을 향하는 피 맺힌 애국심도 갖고 있었다. "내 민족을 내게 주소서." 하고 분연히 일어선 에스더와 이스라엘을 하나님이 버리셨는가? 아니다. 유대인을 죽이려고 세워 둔 사형대에 대적 하만이 달리는 통쾌한 역전극이 펼쳐졌다. 에스더는 왕비로서의 지위가 더 높아졌고 왕에게 더 많은 사랑을 받게 되었다. 그리고 모르드개는 하만이 앉았던 총리대신의 자리에 앉게 되었다. 이 얼마나 드라마틱한 회복인가? 이 얼마나 신나는 승리인가?

우리 민족은 남북으로 갈려 서로를 향해 총구를 겨누고 있고, 북한은 핵실험을 감행하려 한다. 빈부 격차는 날로 벌어지고 있고, 하루에도 수십 가지의 잔혹한 소식들이 신문을 도배하고 있다. 세계의 위기요, 이 나라의 위기다. 민족의 위기 앞에서 하나님 앞에 나아와 기도하는 백성을 하나님은 버리지 않으신다. 망하게 되는 것은 위기 때문이 아니라 기도하지 않기 때문이다. 민족의 위기와 공동체의 아픔을 십자가 앞으로 가져오면 하나님은 위기와 아픔을 영광으로 바꾸어 주신다. 영광스러운 회복의 기회로 삼자. 이것이 하나님의 뜻이며 계획이다. 민족의 아픔을 영광으로 바꾸는 역사가 있기를 기도하자.

역경을 이기고
위기의 축복을 누리자

　호주에 한 부인이 있었다. 그 부인은 소녀 시절에 중병이 걸려 두 다리를 절단해야만 했다. 극도의 좌절에 빠져 있을 때 이번에는 두 손에 균이 감염되어 부득이 두 팔도 절단을 할 수밖에 없었다. 부인은 자신이 '몸뚱이만 남아 있는 고깃덩어리'라는 생각에 괴로웠다. '살 소망'이 없는 것이 아니라 '살아야 할 이유'가 없어진 것이다. 그러나 비참한 역경과 어둠 속에서 부인은 빛을 찾았다. 하나님의 사랑을 발견하였고 믿음으로 구원에 이르게 되었다. 그 마음에 하나님을 사랑하는 뜨거운 열정이 가득 차 가만히 있을 수 없었다. 팔을 자르고 남은 끝에 만년필을 붙들어 매었다. 밤낮을 가리지 않고 글씨 쓰는 연습을 하여 편지를 쓰게 되었다. 전에 안면이 있는 사람들, 친구들 및 지인들, 소개받은 사람들에게 자신의 간증과 고백이 담긴 편지를 썼다. 그녀가 전하는 수백 통의 편지로 인해 해마다 많은 사람이 하나님 품으로 돌아오게 되었다. 사람들은 이 부인의 이야기를 "역경을 이기는 법, 삶에 승리하는 비결"이라고 말한다.

[회복의 기회]

민족의 위기

〈에스더서〉는 이스라엘 해방절인 부림절의 유래를 기록한 책이다. '부림'이란 '제비뽑기'라는 뜻이다. 제비를 뽑아 유대인을 멸하려 했던 사건에서 원수가 멸망한 대반전이 일어났다. 부림절은 페르시아 제국 내 모든 유대인 말살 음모에서 최후의 순간에 극적으로 구출된 날이다.

Q. 민족이 진멸될 위기 앞에서 하나님이 에스더에게 주신 마음은 무엇인가?

민족의 아픔

민족의 아픔은 곧 나의 아픔이다. 나라의 문제와 공동체의 문제, 이웃의 문제 역시 내 문제다. 오늘 민족의 위기와 아픔 속에서 회복해야 할 과제가 있다면 바로 공동체 의식이다. 따라서 내가 민족의 아픔을 치유해 달라고 기도해야 한다.

Q. 지금 우리 민족의 아픔들은 무엇인가?

민족의 회복

에스더는 '죽으면 죽으리라.' 결단하고 진멸 위기에 처한 자기 민족을 구원해 달라고 임금 앞에서 절규했다. 그러자 극적으로 구원을 받게 되었다. 민족의 위기 앞에서 하나님 앞에 나와 기도하는 백성을 하나님은 버리지 않으신다.

Q. 에스더는 죽음을 결단한 신앙으로 민족을 위기에서 구했다. 당신이 민족을 위해 할 수 있는 것은 무엇인가?

나에게도 올 수 있는 우울증 | 엘리야의 우울증 | 치료받는 우울증

우울증탈출

자기 자신은 광야로 들어가 하룻길쯤 가서 한 로뎀나무 아래에 앉아서
자기가 죽기를 원하여 이르되 여호와여 넉넉하오니 지금 내 생명을 거두시옵소서
나는 내 조상들보다 낫지 못하니이다_왕상 19:4

엘리야는 최고의 선지자였다. 하나님 능력의 상징이었던 엘리야가 오늘은 무력한 졸부처럼 고독한 허무의 늪에 빠져 죽기를 구하고 있다. 갈멜산 정상에서 승리를 외치던 엘리야가 로뎀나무 아래서 절망하며 한숨짓고 있다. 갈멜산에서 혈혈단신으로 이방 선지자 850명을 무찌르고 하늘의 불을 불러 위용을 과시하던 엘리야가 두려움에 떨며 웅크리고 있다. 이는 인간의 연약함을 보여 주고 있다.

포드는 "우울증이란 사람들의 생각처럼 육체의 불쾌가 아니라 마음의 병이다."라고 했다. 우울증은 마음의 병이다. 우리는 우울함과 슬픔을 멀리해야 한다. 그것들은 우리의 힘을 완전히 빼앗아 버리기

때문이다. 대한민국은 자살 공화국이라고 불릴 만큼 자살로 목숨을 잃는 사람이 많다. OECD 국가의 평균 자살률은 인구 1만 명당 11.2명이다. 그런데 한국은 28.4명으로 다른 나라들에 비해 2.5배가량 높다. 한국의 평균 자살률은 OECD 국가 중 1위다.

장래에 대한 불확실성, 그로부터 오는 불안 때문에 많은 젊은이가 극단적 행동인 자살을 선택하고 있다. 인터넷에 자살이라는 키워드를 검색해 보면 수많은 자살 사이트가 검색된다. 그곳에서 사람들이 자살을 미화하고 방조하고 있다. 그리고 자살을 유도하는 글들이 넘쳐 난다. 우리나라 20대와 30대의 사망 원인 1위는 교통사고가 아니라 자살이다. 매일 40명 이상이 자살로 죽어 가는 대한민국을 바라보시는 하나님은 어떤 심정이실까. 자살의 배경 뒤에는 보이지 않는 힘이 있다. 그것은 바로 우울증이다. 우리는 누구에게나 찾아올 수 있는 이 우울증에 대해서 어떻게 대처하며 살아가야 할까?

:: **나에게도 올 수 있는 우울증**

우울증의 주요 증상으로는 정신 증상과 신체 증상이 있다. 먼저 정신 증상을 살펴보면 불안과 절망이 그 사람을 감싸게 된다. 그리고 비애감과 흥미 상실을 경험한다. 삶에 대한 관심이 급격히 사라진다. 사고의 진행이 정체되고 결단력 역시 저하된다. 어느 한곳에 집중을 못하고 자꾸 비관적인 생각을 하고 허무함을 느끼게 된다. 열등감과 부정적인 자아를 가지며 자신의 삶에 대해 부정적인 해석을 하게 된다.

다음으로 신체 증상은 무기력감과 수동적, 식욕과 성욕의 저하 등으로 나타난다. 또한 수면 장애와 월경불순 등이 생긴다. 그리고 전신 권태감 등의 증상을 보인다. 그래서 깊은 우울증에 빠질 경우 자살을 기도하게 된다. 퇴행성 우울증이라는 것이 있는데 흔히 장·노년기에 나타난다. 2011년 통계에 의하면 우리나라는 OECD 국가 중에서 노인 자살률도 가장 높다.

이렇듯 우리 삶을 파괴하는 치명적인 우울증에서 탈출할 수는 없는가? 그래서 존슨은 "우울증은 술과 마약을 제하고 그 전환을 위해 어떤 방법도 사양하지 말아야 한다."고 말했다. 우리는 무슨 수를 써서라도 우울증의 수렁에서 벗어나야 한다. 누구에게나 우울증이 찾아올 수 있다. 혹시 언젠가부터 갑자기 매사가 귀찮고 짜증스러워지는 기분이 들지는 않는가? 그렇게도 신나던 일들이 모두 재미가 없어지고 매사에 긍정적이던 삶이 부정적인 생각들로 채워지고 있지는 않는가? 공연히 우울하고 슬프기만 하며 작은 짐이 한없이 무겁게 느껴지며 걱정스러워지기도 한다. 밤에 잠이 안 와 눈을 뜨면 한밤중이고 또 눈을 뜨면 이른 새벽이다. 아무것도 하기 싫고 너무 쉽게 피곤이 몰려온다. 그렇다면 우울증을 의심해 봐야 한다.

한국 자살 예방협회의 통계에 의하면 국민의 35%가 자살을 생각해 본 적이 있고, 155만 명이 구체적으로 자살을 계획해 본 적이 있다고 한다. 응답자 가운데 18%는 가까운 사람 중 자살을 시도했거나 자살로 사망한 사람이 있다고 한다. 놀라운 사실은 그중 20%는 충동적으로 자살한 사람이지만 나머지 80%는 우울증 증세로 자살한 사람이라는 것이다. 현재 세계 인구 가운데 3억 4천만 명이 우울증을 앓고 있다고 한다.

요즘 주변에서 너무나 흔하게 듣는 이야기가 우울증으로 인한 자살이다. 많은 팬의 사랑을 받는 톱스타가 어느 날 갑자기 자살을 하고, 우울증 주부가 두 아들을 껴안고 아파트에서 투신자살을 했다. 많은 사람이 결혼 우울증, 산후 우울증, 입시 우울증, 성형 수술 후유증 등으로 자살을 한다.

그러면 그리스도인들도 우울증에 걸릴 수 있는가? 성경이나 기독교 역사는 믿음 좋은 신앙의 위인들도 우울증이 있었음을 증언해 주고 있다. 그래서 전문가들은 우울증을 일컬어 '마음의 감기'라고 한다. 누구나 원하지 않지만 걸릴 수 있고 치유하면 낳을 수 있다는 뜻이다. 우리에게도 이런 절망의 한계가 올 수 있다. 그래서 두려움과 죽음, 공포에 매여 죽고 싶을 만큼 절망적인 때가 올 수도 있다. 이런 한계의 상황에서 어떻게 벗어날 수 있을까? 그것을 해결하기 위해서는 인간의 한계 상황으로부터 오는 우울증에 대해 살펴봐야 한다.

:: 엘리야의 우울증

우울증은 최근에 생긴 심리학적 용어이기 때문에 성경에는 없는 단어다. 대신 성경에서는 절망, 슬픔, 낙심, 한탄 등으로 사용한다. 이런 단어들이 일종의 우울증 증상을 표현하고 있다. 그럼 엘리야가 우울증에 빠진 이유는 무엇이었는가?

먼저, 그는 육체적으로 너무 지쳐 있었다. 그동안 엘리야는 너무나 바쁜 나날을 보냈다. 갈멜산에서의 처절했던 영적 싸움으로 육체적 탈진이 왔다. 오늘날 많은 현대인도 지나치게 분주하고 정신없는 삶을 살아간다. 적절한 휴식 없이 업무에 쫓기다 보니 마음의 여유가 없다. 이런 것들이 우리 영혼과 육체를 지치게 하고 그로 인한 스트레스는 마침내 우울증을 가져온다.

그리고 엘리야는 그 스스로 '나만 홀로 남았거늘'이라고 고백했듯이 고독과 외로움을 처리하는 데 실패했다. 엘리야 삶의 현장 속으로 들어가 보자. 조금 전까지만 해도 사역의 절정을 경험했던 엘리야였다. 수많은 백성이 보는 앞에서 하늘의 불을 불러 제물을 태웠다. 이방 선지자들의 코를 납작하게 만들고 막이 내려졌다. 그 후 박수치던 백성들이 떠나가자 엘리야는 허전함과 고독함이 밀려왔다. 환호성의 크기만큼 몰려오는 외로움의 감정도 컸다. 막이 내려진 다음에 오는 허무함이 엘리야를 감싸고 있었다.

목표를 달성한 후, 그다음 비전이 보이지 않을 때 우리에게 허전함이 찾아온다. 마치 지구 한복판에 혼자 버려진 것만 같은 고독함이 엘리야를 우울하게 만든 것이다. 엘리야가 했던 말 중에 "저가 이 형편을 보고"(왕상19:3)라는 대목에서 우울증의 또 다른 원인을 추측할 수 있다. 그에게는 눈앞의 환경이 너무 어렵게 보였다. 문제는 환경 그 자체가 아니라 그 환경이 불리하거나 어렵다고 느끼는 우리의 감정이다. 그래서 러셀 알레인(Rusell Alain)은 "우울증에 걸린 사람은 시야를 넓혀 멀리 바라보아야 한다."고 말했다. 엘리야는 자기 형편만 바라보고 멀리 바라보지 못했다.

이때 심리적인 도피 의식이 찾아온다. 현실이 아닌 자신만의 도피처에 가서 몰래 숨고 싶은 생각이 든다. '미쳐 버리면 아무도 내게 기대하지 않겠지.'라는 생각이 들면서 자살에 대한 충동도 생긴다. 이처럼 우울증은 사람을 낙심하게 한다. 심각한 경우 사람을 자살에 이르게까지 하는 끔찍한 병인 우울증에서 어떻게 벗어날 수 있을까? 그 길은 멀리 있지 않다.

바로 하나님의 음성을 듣는 것이다. 지친 삶과 병든 삶이 치료될 수 있는 길은 하나님과 개인적으로 만나는 시간을 갖는 것이다. 예수님은 우리의 저주스러운 삶에 힘을 주시고 승리를 주는 유일한 분이시다.

:: **치료받는 우울증**

　우울했던 마음속을 하나님의 음성으로 채워야만 아픈 마음이 치유된다. 그리스도인들도 우울증을 앓을 수 있다. 신앙의 거장들도 우울증의 공격을 받을 수 있다. 그러나 그 공격에 우리가 무릎을 꿇어서는 안 된다. 그것들을 슬기롭게 극복해야 하는데 바로 예수님의 십자가로써만 가능하다. 우울증이라는 상처를 우리 힘으로 해결해 보려고 몸부림칠수록 더 깊은 수렁으로 빠질 뿐이다. 끌어안고만 있으면 더 커지고 깊어질 뿐이다. 그러나 하나님 앞에 가져가면 그분은 나를 고치신다. 예수님은 내게 행복한 변화를 허락하신다. 엘리야를 찾아오신 하나님이 어떻게 엘리야의 우울증을 고치셨는가?

　먼저 엘리야의 잠 맛을 회복시키셨다. 우울증에 걸린 사람들은 잠맛을 빼앗기게 된다. 사람이 잠을 제대로 자지 못해서 쉼을 상실하게 될 때 그 영혼은 고갈될 수밖에 없다. 그래서 하나님은 엘리야를 로뎀나무 그늘에 뉘어 잠을 재우신다. 잠은 하나님이 주신 귀중한 선물이다. 간밤에 편히 잤는가? 잠을 주신 하나님을 찬양해야 한다.

　그리고 하나님은 천사를 보내 구체적으로 어루만지기 시작하셨다. 지친 영혼을 만지셨고, 상심한 마음과 피곤한 육체를 어루만지셨다. 사람은 때로 상처를 치유한답시고 어루만지다가 오히려 상처를 덧나게 할 때가 많다. 그러니 하나님이 만시시면 인간의 상처는 즉시 낫는다. 세상의 모든 상담사와 의사가 다 매달려도 치유되지 않던 상처가 하나님이 한 번 만지시면 금세 치료된다. 하나님의 만져 주심을 경험하고 싶은가? 예수님 앞에 나와 모든 것을 내려놓자. 그러면 그분의 어루만져 주심을 경험하게 될 것이다.

엘리야의 우울증을 치유하신 하나님은 엘리야를 호렙산으로 인도했다. 호렙산은 일찍이 모세가 하나님의 음성을 듣던 곳이었다. 하나님은 엘리야에게도 당신의 음성을 들려주시고 싶었던 것이다. 드디어 엘리야가 호렙산에 섰을 때 하나님이 지나가신다. 하나님은 불 가운데서 나타나지 아니하셨다. 거센 바람이 지나가는데 거기서도 말씀하시지 아니하셨다. 무서운 지진이 지나갔지만 거기에서도 말씀하시지 아니하셨다. 잠시 후 세미한 음성으로 자신을 나타내셨다. 하나님은 엘리야의 우울증을 거두어 가시고 세미한 음성으로 치유해 주셨던 것이다. 그의 마음을 감싸 주셨다. 엘리야의 마음속에 있던 상처들이 회복되는 순간이다.

우울증 속에도 우리를 향한 하나님의 세미한 음성이 숨어 있다. 그것은 우리 인생을 향한 하나님의 메시지다. 우울증은 신앙적인 안목으로 보면 인생의 의미와 가치를 상실한 것이다. 지금까지 붙들고 살았던 것들이 아무런 의미가 없다고 느껴질 때 밀려오는 허무함이다. 하나님은 우리에게 새롭게 물으신다. "네 인생의 참된 의미가 무엇이냐? 네 인생의 진정한 가치가 무엇이냐? 헛된 것에 묶여 살지 마라. 거기에 목을 매달고 살지 마라. 인생의 보람을 엉뚱한 곳에서 찾지 마라." 이 음성을 들을 때 온전한 치유가 일어난다.

도종환 시인의 〈흔들리며 피는 꽃〉이란 시가 있다. 여기에 보면 눈에 화려하게 보이는 꽃들도 비바람을 맞으며 자란다. 때로는 꽃잎이 상처를 받기도 하고 가지가 꺾이기도 한다. 인생을 살면서 상처 없는 사람이 누가 있겠는가? 절망의 계곡에서 빠져 나오려다 온몸이 찢겨진 사람들이 있다. 실패와 좌절의 빈방에서 목 놓아 울다 지친 사람들이 있다. 고독의 골방에서 외로움에 떨던 사람들이 있다. 저마다 아픈 세파를 지나 자기만의 아름다운 꽃을 피워 가는 것이 인생이다.

우울증 뒤에 숨어 있는 과거의 그림자, 아픔, 실패, 상처를 벗어던지고 건강한 자아상을 회복하기 바란다. 하나님과의 관계 회복과 매일 묵상하는 말씀을 통해 하나님의 음성을 듣길 바란다. 그 음성은 우리의 상처를 어루만져 주실 것이다. 하나님 안에서 새롭게 변해야 한다. 그 변화를 통해 하나님이 예비하신 우리의 아름다운 꽃을 피우기를 바란다.

당신의 우울함을
날려 버려라

　종교개혁자 마르틴 루터는 자주 어두운 기분에 빠졌다. 몸을 축 늘어뜨리기도 했고, 몹시 우울해하기도 했다. 그럴 때면 그의 아내는 그를 위로하고 격려했다. 그러던 어느 날, 여전히 그는 아내의 정성어린 위로와 격려에도 불구하고 계속 우울해했다. 그는 우울한 기분을 풀기 위해 여행을 했다. 그러나 그는 떠날 때와 다름없이 우울한 얼굴을 하고 집으로 돌아왔다. 그때 그를 맞이하던 아내는 상복 차림으로 눈물을 흘리며 말했다. "여보, 당신을 보니 우리의 하나님은 죽었나 봐요, 그래서 나는 이렇게 울고 있어요." 이 말을 들은 루터는 마음속 깊이 뉘우치며 "그렇지, 당신의 말대로 나는 정말 어처구니없는 죄를 범했소. 하나님이 없는 것같이 행동했으니······." 그 후부터 루터는 다시 용기를 되찾았다.
　여호와를 즐거워하므로 당신의 우울함을 확 날려 버려라!

[우울증 탈출]

나에게도 올 수 있는 우울증

엘리야는 갈멜산 정상에서 승리를 외친 후, 로뎀나무 아래서 절망하며 한숨을 쉬었다. 하늘의 불을 불러 위용을 과시하던 엘리야가 두려움에 떨며 웅크리고 있는 것이 전형적인 우울증이다. 사람이 절망할 때 우울증은 항상 오게 된다.

Q. 당신의 감정을 상하게 하거나 삶을 힘들게 하는 것들은 무엇인가?

엘리야의 우울증

엘리야가 우울증에 빠진 이유는 너무 지쳤기 때문이다. 영적 싸움 이후 육체적 탈진이 왔을 때 엘리야는 고독과 외로움 속에서 고통받았다. 이처럼 우울증은 사람을 탈진하게 만들고, 절망하게 하며, 낙심하게 만든다. 따라서 예수 그리스도의 십자가를 붙들어야 한다.

Q. 신앙생활이나 봉사 생활을 하면서 지쳐 있을 때 당신에게 찾아온 증상들은 무엇인가?

치료받는 우울증

우울증은 하나님의 음성으로 채워야 한다. 수많은 신앙의 거장도 우울증에 공격을 받았다. 그러나 십자가는 하나님과 연결시켜 준다. 십자가는 우울증으로 지쳐 있는 영혼들에게 하나님의 세미한 음성을 듣게 한다. 그분의 세미한 음성을 들을 때 상처 입은 마음이 회복된다.

Q. 하나님의 음성은 우리 영혼에 임하신다. 당신은 그분의 음성을 듣기 위해 어떻게 하는가?

CHAPTER 4
함께하시는 분

혼자라는 생각이 들 때 | 장래가 불확실할 때 | 영적으로 무기력해질 때

함께하시는 분

내가 네게 명령한 것이 아니냐 강하고 담대하라 두려워하지 말며 놀라지 말라
네가 어디로 가든지 네 하나님 여호와가 너와 함께하느니라 하시니라_수 1:9

두려움은 인생에서 적이다. 마르틴 루터는 "두려움은 몸을 해친다. 정신이 억압적인 생각 때문에 여유가 없게 될 때 먹는 것과 소화되는 것이 손상을 받는다."고 말했다. 현대인들은 걱정, 불안 그리고 두려움을 안고 살아간다. 하지만 두려움이 현대인들만의 문제는 아니었다. 성경은 하나님의 일을 했던 위대한 지도자들도 우리와 똑같이 두려워했음을 기록하고 있다.

모세의 갑작스러운 죽음은 상상도 못했던 일이었다. 그때 하나님이 여호수아에게 말씀하셨다. "네가 이 백성을 이끌고 가나안으로 들어가라." 그러자 여호수아에게 불안감이 엄습해 왔다. '어떻게 이 백성을 이끌고 가나안에 들어갈 것인가?'

그때 하나님이 말씀하셨다. "두려워 마라. 염려하지 마라. 내가 너와 함께하리라." 여호수아는 이 말씀의 힘으로 백성을 이끌고 가나안으로 들어갔다. 사람이 살아가는 데 가장 필요한 무기는 자신감이다. 그 자신감을 불러일으키는 것은 믿음이다. 하나님은 그분을 믿으면 우리에게 자신감을 주신다. 현재, 미래에 대해 자신감이 생긴다. 반면에 우리가 두려움에서 벗어나지 못하면 승리의 삶을 살 수 없다. 그럼 사람들이 세상을 살면서 불안하고 염려하는 이유를 알아보자.

:: 혼자라는 생각이 들 때

엘리야는 자신이 있었다. 그는 이방인 선지자 850명과 혼자 싸워 이겼다. 어려운 전쟁에서 아주 통쾌한 승리를 거둔 엘리야의 용기는 충만했다. 이때 분노에 찬 이세벨이 복수의 칼날을 갈며 엘리야에게 사신을 보내 메시지를 전했다. '내일 이맘때 네 운명도 저 사람들과 같이 만들겠다.' 엘리야는 서신을 받는 순간 비로소 눈을 뜨고 자신이 혼자라는 것을 발견하게 된다. 그 순간 엘리야는 용기를 잃고 두려워졌다. 그 당당하던 모습이 사라지고 이세벨을 피해 도망갔다.

사람은 '나는 혼자다.'라는 생각이 들 때 두려움을 느낀다. 그때 하나님이 엘리야에게 "왜 너 혼자냐, 아직 바알에게 절하지 아니한 자가 7,000명이나 있다."고 말씀하셨다. 사탄이 성도를 유혹하는 방법이 많이 세련돼졌다. 옛날에는 단순히 넘어지게 하고 깨지고 부러지게 했지만, 요즘은 그런 서툰 방법을 사용하지 않는다. 사탄의 방법이 매우 고상해졌다. 마음속에 자꾸만 '너는 혼자야.'라는 말로 외로움을 넣어 준다. 그래서 사람을 외롭게 만든다. 그리고 두려워하게 한다. 사람을 염려하게 만들어 일을 제대로 하지 못하게 한다. 이렇게 외로움과 두려움을 갖게 하는 것이 사탄의 방법이다.

야곱이 형을 피해 도망하다가 광야에서 혼자 잠을 자게 되었다. 그 밤이 얼마나 외롭고 고독했겠는가? 야곱이 제대로 잠을 잘 수 있었겠는가? 그때 하나님이 환상으로 나타나서 말씀하셨다.

> 내가 너와 함께 있어 네가 어디로 가든지 너를 지키며 너를 이끌어 이 땅으로 돌아오게 할지라 내가 네게 허락한 것을 다 이루기까지 너를 떠나지 아니하리라 하신지라(창 28:15)

그 말씀을 듣고 보니까 천사들이 오르락내리락하고 있었다. 자신이 이곳에 오기 전에 이미 하나님의 천사는 이곳에 있었다는 것이다. 천사들의 모습을 보며 야곱은 혼자가 아니었다는 사실을 깨달았다. 그래서 야곱이 그곳을 벧엘이라고 이름 지었다. 벧엘은 '내가 여기 있기 전에 벌써 하나님이 계셨다.'는 뜻이다.

삶이 염려가 되는가? 앞으로 살아가야 할 인생이 두려운가? 홀로서 있는 것 같은 느낌이 드는가? 내가 힘들고 지쳐 주저앉고 싶을 때 나를 일으켜 줄 사람이 아무도 없다고 생각되기 때문이다. 하지만 하나님은 말씀하셨다.

> 두려워하지 말라 내가 너와 함께함이라 놀라지 말라 나는 네 하나님이 됨이라 내가 너를 굳세게 하리라 참으로 너를 도와주리라 참으로 나의 의로운 오른손으로 너를 붙들리라 (사 41:10)

하나님은 아무도 없는 광야에서 혼자 외롭게 밤을 지새워야 했던 야곱과 함께하셨다. 그는 마침내 하나님 말씀을 깨닫고 하나님을 더욱 의지하게 됐다. 하나님은 이세벨이 복수할까 두려워하던 엘리야와도 함께하셨다. 그는 말씀을 듣고 힘을 얻었다. 그래서 강하고 담대한 믿음으로 승리했다. 우리 역시 살아가다 두려울 때가 많다. 그때 두려움에 사로잡혀 그 자리에서 주저앉으면 안 된다. 하나님이 우리와 함께하심을 믿고 날마다 승리하는 삶을 살아야 한다.

:: **장래가 불확실할 때**

퍼블릴리어스는 "마음의 두려움은 육체의 고통보다 더 나쁘다."고 말했다. 마음의 두려움은 미래의 장애요소가 된다. 살다 보면 때로 장래가 막연할 때가 있다. 자식들은 날마다 쑥쑥 자라는데 가계의 빚은 점점 늘어가고 집세는 계속 오른다. 이 모든 것을 감당하기에는 힘이 못 미친다. 지친 어깨를 잠시 기대어 쉴 곳이 없다. 가족들은 모두 나만 쳐다보고 있다.

그리스도인들이 얼마나 연약한지를 조사해 보았다. 그리스도인 1,000명을 놓고 신앙 조사를 하면서 물었다. 이름과 운명이 상관있다고 생각하는가에 대한 질문에 30%가 상관있다고 응답했다. 또 결혼하기 전에 궁합을 보는 것을 얼마나 신뢰하느냐고 물었더니 35.5%가 신뢰한다고 응답했다. 그러면 궁합이 나쁘게 나오면 결혼을 어떻게 하겠느냐고 물었더니 놀랍게도 안 하겠다고 응답한 사람이 28%나 나왔다. 선조의 묏자리가 자손의 번영과 얼마나 관계가 있다고 생각하느냐는 질문에는 25.7%가 상관있다고 응답했다.

통계 수치에서 볼 수 있듯이 많은 그리스도인이 그들의 장래에 대해 불안해한다. 믿음의 근거가 약하니까 흔들리는 것이다. 그래서 오늘을 가리켜서 '혼돈의 시대', '불확실성의 시대'라고 표현한다. 이 시대가 아무리 혼돈의 시대요, 불확실한 시대라고 해도 절망하지 말아야 한다. 미래가 두려운가? 하나님은 지금까지 우리와 함께하셨다. 그리고 앞으로도 함께하실 것이다. '임마누엘 하나님'의 사랑을 잘 알고 있지 않은가? 알파요 오메가 되시는 하나님이 우리의 삶을 지켜 주실 것이다.

사람이 두려움에 빠지는 순간은 또 언제인가? 그것은 바로 영적으로 무기력해질 때다. 이 순간이 가장 무서운 때다. 세상적인 관점에서 볼 때 성공한 사람, 즉 장래가 확실하고 주위에 친구가 많으며 좋은 직장에 다니는 사람들 중에서 삶을 비관해 우울증에 걸리고 심지어 자살하는 사람들도 있다. 겉보기에는 많은 것을 가진 사람들이다. 생을 비관할 이유가 전혀 없는 사람들인데도 행복하지 않은 삶을 살고 있다. 왜 그런가? 바로 그들이 경험하는 영적 무기력증 때문이다.

사람이 영적으로 무기력증에 빠지면 어떻게 되는가? 세상을 살아가는 것이 재미없어진다. 삶의 의욕이 없어진다. 기쁨이 없어지고 감격이 없어진다. 이보다 더 무서운 병이 어디 있겠는가!

프랑스 요리 가운데 삶은 개구리 요리가 있다. 이 요리를 시키면 버너와 냄비를 식탁 위에 올려놓는다. 그리고 손님이 보는 앞에서 싱싱한 자연산 개구리를 삶는다. 개구리를 뜨거운 물에 넣으면 튀어나오니까 냄비의 물 온도를 적당하게 해 놓고 개구리를 넣는다. 그리고 냄비에 불을 서서히 지핀다. 그러면 개구리들이 기분이 좋아서 헤엄치며 논다고 한다. 그러다 물의 온도가 서서히 올라가면 개구리들이 고스란히 삶긴다. 개구리들은 자신이 삶기는 줄도 모르고 즐겁게 놀다가 결국 따뜻한 물에 취해서 잠자듯 죽는 것이다. 참으로 무서운 이야기가 아닐 수 없다.

사람이 영적 무기력증에 빠지면 이렇게 된다. 주변을 보면 이런 영적 무기력증의 요인이 참 많다. 우리의 집안, 교회 안에도 들어와 있다. 내 마음에도 들어 있다. 가장 대표적인 요인은 '나는 아직 건강하다.'는 생각이다. 이것이 영적 무기력증에 빠지게 한다. 이러한 생각은 사람을 교만하게 하고 자신의 힘을 믿게 하기 때문이다.

두 번째로 중요한 요인은 '비전의 망각'이다. 내 존재의 목적을 잊어버리는 것이다. 내가 지금 왜 사는지 잘 모르는 것이다. 일의 목적을 상실하는 경우다. 하나님은 우리를 위해 예비하신 것과 우리를 향한 계획을 가지고 계신다. 우리가 그 비전을 망각할 때 그 모든 것을 놓치고 무기력증에 빠진다.

알 수 있는 미래에 대해 두려워하고 있는가? 혹은 영적 무기력증에 빠져 하나님의 사명을 잊고 있는가? 그 두려움을 극복하길 바란다. 하나님은 우리가 가장 두렵고 힘든 순간에도 함께하신다. 두려워했던 지도자 여호수아와 함께하셨던 하나님에 대해 알아보자.

:: 영적으로 무기력해질 때

이스라엘 민족을 새롭게 이끌 한 지도자의 마음속에는 큰 두려움이 자리 잡고 있었다. 지도자 모세가 죽었고 2인자인 여호수아가 새로운 리더가 되었다. 모세를 의지하고 그에게 충성을 다했던 여호수아에게 모세 없이 이스라엘 백성을 인도해야 한다는 사실은 큰 부담이었다. 여호수아는 무거운 책임감을 견딜 수 없었고 매우 두려웠다.

여호수아는 이스라엘 백성의 무지와 그들의 완악함을 잘 알고 있었다. 모세가 산에 올라가서 하나님에게 계시를 받는 동안 백성들은 그 기간을 참지 못하고 산 밑에서 금으로 우상을 만들어 섬겼다. 또한 이스라엘 백성은 가나안 정탐꾼의 보고를 마음에 들어하지 않았다. 그래서 모세를 죽이고 애굽으로 돌아가자고 고함을 질렀다. 그는 이것을 40년 동안 경험했다. 이 때문에 모세가 고민하는 것도 보았다. 그런데 2인자였던 여호수아가 어떻게 이 백성을 인도할 수 있겠는가? 여호수아의 두려움은 당연한 것이었다.

여호수아를 두렵게 한 또 하나는 미지의 세계였다. 가나안 7족속이 사는 가나안 땅을 잠시 염탐했다. 저쪽은 군사, 나라가 있고 견고하고 높은 성이 있어 난공불락처럼 보였다. 가나안 땅은 아랍 자손들이 사는 곳이었다. 그들은 장대한 모습인데 비해 자기들은 메뚜기 같았다. 그래서 염려하고 두려워하게 되었다. 그때 하나님이 여호수아에게 "네가 백성을 데리고 가나안으로 데리고 가라."고 말씀하셨다.

두렵고 자신감이 없었다. 지금까지 늘 모세 뒤를 따르며 2인자 노릇만 했는데 갑자기 막중한 책임이 주어진 것이다. 그래서 더욱 감당할 수 없었다. 그때 여호수아는 그때 심각한 마음으로 기도하며 하나님에게 매달렸다. 하나님에게 호소하고 탄원하며 부르짖었다. 그러자 하나님이 여호수아에게 말씀하셨다.

오직 강하고 극히 담대하여 나의 종 모세가 네게 명령한 그 율법을 다 지켜 행하고 우로나 좌로나 치우치지 말라 그리하면 어디로 가든지 형통하리니 이 율법책을 네 입에서 떠나지 말게 하며 주야로 그것을 묵상하여 그 안에 기록된 대로 다 지켜 행하라 그리하면 네 길이 평탄하게 될 것이며 네가 형통하리라 내가 네게 명령한 것이 아니냐 강하고 담대하라 두려워하지 말며 놀라지 말라 네가 어디로 가든지 네 하나님 여호와가 너와 함께하느니라 하시니라(수 1:7~9)

세상에 이보다 더 큰 힘과 능력이 어디 있는가? 여호수아는 자신의 영적 비전을 되찾았다. 하나님이 왜 자신을 지도자로 부르셨는지 깨달았다. 그래서 그는 강하고 담대하게 이스라엘 백성을 이끌고 나갈 수 있었다. 그리고 마침내 가나안 땅을 정복하는 역사가 나타났다.

인생이 두려운가? 삶 속에서 견고하고 높은 성과 마주쳤는가? 결코 이길 수 없을 것 같은 두려움이 있는가? 하나님이 여호수아에게 담대한 마음을 가지고 가나안 땅으로 들어가라고 하셨듯이 우리에게도 가나안 땅으로 들어가라고 말씀하신다. 힘들고 두려울 수 있다. 하지만 하나님은 우리에게도 가나안 땅을 준비해 주셨다. 그곳에서 우리를 통해 이루실 역사를 예비해 두셨다. 그 계획을 믿고 의지함으로써 두려움을 극복하기 바란다. 하나님은 우리와 함께하신다.

두려움을 이기는 근원적인 힘

세상에는 들리는 소리와 들리지 않는 소리가 있다. 매스컴을 통해 들리는 소리가 '인생의 전부'인 것 같고 시대의 방향인 것 같지만 사실 삶의 정황을 이끌어 가는 것은 이런 표피적인 현상이 아니라 '근원적인 힘'이다. 1930년대 미국에서 대공황의 여파로 사람들이 모두 어렵다 하고 죽겠다 할 때 루스벨트 대통령은 '들리지 않는 근원적인 소리'가 있음을 이렇게 강조했다. "불황보다 더 두려운 존재는 두려움을 갖는 생각이다. 우리가 희망을 이야기한다면 불황이 두렵지 않다." 두려움은 당신의 영혼을 잠재운다. 두려움의 노예가 되면 꿈과 비전을 향해 나아갈 수 없다. 왜냐하면 두려움의 쇠사슬에 매여 있기 때문이다. 이제 두려움의 쇠사슬에서 벗어나라. 꿈과 비전의 날개를 펴서 비상하라. 두려움을 극복하고 희망의 세계로 나아가라.

[함께하시는 분]

혼자라는 생각이 들 때

엘리야는 바알 선지자 850명과 싸워 승리했지만 목숨의 위협이 오자 자기 혼자인 것을 발견하고 두려움에 빠졌다. 사람은 누구나 '나 혼자다.'라고 느낄 때 두려워한다. 우리 역시 살아가다 두려울 때가 많지만 하나님이 우리와 함께하심을 믿고 날마다 승리하는 삶을 살아야 한다.

Q. 지금 당신의 삶에서 두려움을 느끼게 하는 것들은 무엇인가?

장래가 불확실할 때

지금 이 시대는 혼돈의 시대고 불확실한 시대다. 장래가 불안하면 확신의 근거가 약해지고 흔들린다. 하지만 하나님은 지금까지 우리와 함께하셨다. 그리고 앞으로도 우리와 함께하실 것이다. 하나님이 우리의 삶을 지켜 주시기 때문에 두려워하지 말아야 한다.

Q. 하나님은 지금 우리 곁에서 일하신다. 하나님의 일하심을 느낄 때가 언제인가?

영적으로 무기력해질 때

사람은 영적으로 무기력해질 때 두려움에 빠진다. 영적으로 무기력해지면 기쁨과 감격이 사라지고 의욕이 상실된다. 또 자신감이 사라지고 불안해진다. 하지만 하나님이 나와 함께하신다는 것을 믿을 때 다시 일어서게 되고 영적인 힘을 얻게 된다.

Q. 삶에서 무기력과 싫증을 느낄 때 어떻게 하는가? 또 이를 극복할 방법을 나눠 보자.

CHAPTER 5
열등감 정복

인생의 열등감 | 모세의 열등감 | 자존감으로 회복한 열등감

열등감 정복

모세가 여호와께 아뢰되 오 주여 나는 본래 말을 잘 하지 못하는 자니이다 주께서 주의 종에게
명령하신 후에도 역시 그러하니 나는 입이 뻣뻣하고 혀가 둔한 자니이다 _출 4:10

열등감은 우리가 허락하지 않으면 찾아올 수 없다. 우리가 동의하지 않으면 열등의식을 느낄 수 없다. 리더십 학자 존 맥스웰(John Maxwell)이 어느 날 꿈을 꾸었다. 어떤 복면 쓴 사람이 자신이 가는 길을 가로막고 서 있었다. 계속 진로를 방해하고 괴롭혀서 복면을 벗겨 보니 그 사람은 바로 자기 자신의 '열등감'이었다. 그 열등감이 맥스웰의 성장과 진로의 방해꾼이었다.

열등감이란 본래 타인과의 비교에서 비롯하는 자아의 무력감과 절망감에서 생긴다. 이처럼 열등감은 열성 의식에서 비롯하기 때문에 이러한 심리 작용이 때로는 자신에 대한 좌절과 체념을 일으켜 직면해야 할 현실에서 도피하게 만든다. 경우에 따라서는 현실 상황에

부딪쳐 그것을 바르게 극복하는 대신 부당하고 공격적인 행동을 가함으로써 사회적 부적응을 야기하여 삶의 패배자가 되기도 한다. 대부분의 사람은 열등감을 가지고 있다. '열등감이 아니라 오히려 우월감이 있는데'라고 생각하는 사람도 있다. 그러나 우월감이란 것도 열등감의 공격적인 형태일 뿐이다.

인간의 기초적인 정서의 재난을 열등감이라고 한다. 그것은 자기 자신이 인간으로서는 부적합하다는 감정이다. 스스로 자신이 용납될 수 없는 인간이라고 생각한다. 뿌리 깊은 열등감은 창의를 꺾어 버리고 만다. 이것은 용기와 반대 되는 개념이다. 열등감으로 고민하는 사람은 결과를 두려워하기 때문에 결정을 내리지 못한다. 그러므로 인생의 좌절감을 맛보게 되고 끝내 실패하는 인생을 살 수밖에 없다. 어떻게 하면 열등감을 회복하여 자신감 있는 삶을 살 수 있는가?

:: **인생의 열등감**

앞서 말했듯이 열등감이란 자신을 남보다 못한 무가치한 인간으로 낮추어 평가하는 감정이나 삶의 태도다. 죄악된 몸으로 태어나서 악한 세상을 살아가던 인간은 쉽게 자존감을 잃어버렸다. 자존감의 상실은 필연적으로 열등감을 가져왔고 인간 감정의 불치병이 됐다. 세상적인 기준에 성공한 사람들 역시 그들만의 열등감이 있다.

교회 안에는 열등감이 없을까? 예수님을 믿으면 열등감이 깨끗이 사라지게 될까? 꼭 그렇지만은 않다. 오히려 교회는 열등감이 많은 사람이 찾아오는 곳인지도 모른다. 교회에서 신앙생활을 해도 그 안의 열등감을 극복하지 못하는 사람들이 있다. 이런 열등의식에 젖어 사는 사람들의 삶을 어떻게 치유할 수 있을까?

방법은 열등감을 예수님 앞으로 가지고 나오는 것이다. 자신의 열등감을 발견하고 그것을 예수님 앞에 내려놓아야 한다. 외모, 직업, 학벌, 집안 등의 열등감을 예수님에게 가지고 와야 한다.

그렇게 하지 않으면 내 안에 아주 이상한 일이 일어난다. 가장 좋아해야 할 자기 자신을 자기가 가장 싫어하게 된다. 남들이 자신을 무시하면 몹시 화를 내면서도 사실은 자신 스스로가 더 무시하고 멸시한다. 자기 인생길에 최고 후원자가 되어야 할 자신이 가장 큰 방해꾼이 된다. 다른 사람이 자신의 진로를 방해하면 몹시 분노하면서도 사실은 자신이 자신의 진로를 가로막고 서 있다. 이렇듯 열등감을 가진 사람은 모순된 행동을 한다.

내가 나 자신을 싫어하는 것은 나를 만드신 하나님에게 도전하는 것이다. 하나님의 창조 계획에 불평하는 것이다. 열등감을 십자가 밑에 던져 버리고 자신의 있는 모습 그대로를 받아들일 때 열등감은 오히려 축복의 기회가 된다. 세상에서는 지혜로운 사람, 건강한 사람, 인물이 좋은 사람을 채용한다. 그래서 억지로 얼굴을 포장하는 것이다. 세상에서는 전과자를 쓰지 않는다. 이력에 흠이 없어야 한다. 그러나 예수님은 말씀하셨다.

> 수고하고 무거운 짐 진 자들아 다 내게로 오라 내가 너희를 쉬게 하리라(마 11:28)

"내가 해결해 주겠다. 내가 너의 마음을 치료해 주겠다. 내가 너의 열등감을 감싸 주리라."고 말씀하셨다. 지나간 역사 속에서 예수님을 만나 열등감을 축복과 성공의 기회로 삼은 인물이 많다. 하나님의 자녀들은 열등한 조건 때문에 망하지 않는다. 위대한 예수님 앞으로 나아가면 승리할 것이다. 행복한 회복의 삶이 우리를 기다리고 있다. 따라서 열등감을 다 십자가 앞으로 가지고 와서 성령의 불로 태우기를 바란다. 그러면 우리의 인생이 달라질 것이다.

:: 모세의 열등감

성경에 등장하는 수많은 인물 가운데 최고의 지도자로 인정받는 모세는 열등의식에 사로잡힌 사람이었다. 그도 한때 열등감에 사로잡혀서 괴로워했다. 그는 애굽 궁전에 살았는데 어느 날 주먹 한 번 잘못 휘둘러서 살인죄를 범하고 말았다. 그래서 광야로 도망을 갔다.

40년이 지나도록 경제적인 자립을 못한 채 장인 집에 더부살이를 하고 있었다. 그러던 중 이스라엘 자손을 인도해 내라는 하나님의 명령을 받고 대답한다. "내가 누구이기에 바로에게 가며 이스라엘 자손을 인도해내겠습니까?"

"내가 누구이기에" 이 한마디 말에서 모세의 열등감을 느낄 수 있다. 모세는 자신의 출신과 배경부터가 그럴 만한 자격이 없는 사람이라고 생각했다. 또한 자신이 얼마나 끔찍한 실수를 저질렀는지 너무나도 잘 알고 있었다. 그때 하나님이 무엇이라고 말씀하시는가? "내가 너와 함께 있으리라"(출 3:12).

우리는 하나님과 함께하는 소중한 존재다. 이 사실만으로도 우리 마음속에 있는 열등감을 극복할 수 있다. 두 번째 모세의 변명 '누가 나 같은 사람을 믿고 따라 오겠습니까?'에 대한 하나님의 대답을 들어보자. "스스로 있는 자 그가 너를 보냈다 하라." 하나님은 모세를 보내셨다고 말씀하셨다. 모세가 그 일을 할 수 있는 이유는 그가 하나님에게 택함받고 부름받은 자이기 때문이다.

세 번째 변명은 모세가 "그들이 나를 듣지 않고 믿지도 않을 것이다."라고 스스로 열등하다고 생각했다(출 4:1). 그때 하나님은 모세의 지팡이를 뱀으로 바꾸셨다. 그것은 단순한 마법이나 마술이 아니다. 하나님은 지팡이를 통해 메시지를 전달하셨다. '너는 시쌍이 같은 존재다. 그러나 내가 너를 붙들면 홍해가 갈라질 것이다. 반석이

터져 생수가 쏟아질 것이다. 하늘이 열려 만나가 내려질 것이다.'

네 번째 모세의 변명은 다음과 같다. "주여 나는 본래 말에 능치 못한 자라 나는 입이 뻣뻣하고 혀가 둔한 자입니다." 지도자가 무능하다는 것은 약점이다. 지도자가 말을 제대로 못한다는 것은 콤플렉스다. 많은 사람 앞에 서야 하는 지도자에게 치명적인 약점일 수 있다. 열등감을 가질 만하다. 그러나 하나님은 말씀하셨다. "입을 누가 만들었느냐 그 입에 내가 능력을 부어 주겠다. 그리고 아론이 말을 잘하지 않느냐. 동서남북에서 너를 돕는 사람들을 보내 주겠다. 네가 가진 것 없더라도 하나님이 사람 보내서 그 일을 감당하게 해 주겠다."

하나님은 모세를 통해 이스라엘 백성에게 역사하려 하셨다. 그래서 모세에게 많은 것을 부어 주신다고 말씀하셨는데, 모세는 그 안에 있던 열등감을 쉽사리 없애지 못했다. 그래서 다시 변명한다. "보낼 만한 자를 보내소서." 모세는 변명이 참 많았다. 그런데 하나님은 끝까지 모세를 버리지 않으셨다. 한 번 선택하면 포기하지 않는 분이 하나님이시다. 순종하지 아니하면 하나님은 내 손을 묶어서라도 끌고 가신다. 내 발을 꺾어서라도 끌고 가신다. 하나님의 선택은 실패하는 법이 없다. 우리도 모세처럼 열등감을 느끼고 있는가? 걱정할 필요없다. 하나님은 우리를 통해 그분의 일을 하실 것이다. 우리는 믿고 따르기만 하면 된다.

:: **자존감으로 회복한 열등감**

열등감을 자존감으로 회복해야 한다. 하나님은 내 인생의 열등감을 받으시고 대신 높은 자존감을 주신다. 우리의 약점과 열등감을 새로운 인생관으로 바꾸는 통로가 예수님이다. 교회는 행복한 회복을 알려 주는 은혜의 장소다. 이것이 복된 소식이요, 복음이다.

예수님 앞에 왔을 때 갈대처럼 흔들리는 베드로에게 반석(Petra)이라 불러 주셨다. 갈대 같은 존재인 베드로가 반석 같은 존재로 바뀌었다. 너무 연약하여 늘 넘어지고 깨지고 망가지던 존재가 비바람에 흔들리지 않는 굳건한 반석이 된 것이다. 우리도 십자가를 통해 행복한 회복을 경험할 수 있다.

원래 상품의 가치 가운데 최고 가치가 희소가치다. 우리는 전무후무한 하나님의 작품이다. 여기에 우리의 자존감이 있다. 또 내가 열등감의 노예인가 아니면 높은 자존감을 가지고 사는 사람인가를 평가하는 질문이 있다. 나는 늘 비판적인 사람인가 아니면 늘 좋은 점을 보고 남을 칭찬하는 사람인가를 스스로에게 물어보면 된다.

열등감이 심한 사람은 비판 의식이 심해 아무도 칭찬하지 못하고 사랑하지 못한다. 다른 사람을 비판하는 사람은 사실 자신을 비판하고 있는 것이다. 지금 그는 다른 사람을 비판함으로써 자신의 열등감을 덮어 보려고 한다. 비판과 분별은 다르다. 비판은 상대에 대해 정죄와 분노를 가지고 있다. 열등한 자신을 좋아할 수 없고 칭찬할 수 없으니 다른 사람도 진심으로 좋아할 수 없다. 자존감을 찾은 사람은 다른 사람의 장점을 찾아 인정하고 칭찬할 수 있다. 그리고 모든 사건의 좋은 점만 보인다. 얼굴이 온화하고 얼굴 모양이 부드러워진다. 늘 웃을 수 있는 여유가 생긴다. 자기를 용서하고 다른 사람의 잘못을 용서할 수 있다.

엘리너 루스벨트(Eleanor Roosevelt)는 "당신이 동의하지 않고서는 아무도 당신에게 열등의식을 느끼게 할 수 없다."고 말했다. 내가 동의하지 않으면 된다. 열등감은 누구에게나 있을 수 있다. 그러나 예수 안에서 나의 참가치를 발견한 사람은 다르다. 믿음 안에서 자아 인식의 혁명이 일어난 사람은 다르다. 열등감을 오히려 축복과 성공으로 바꾸어 살아간다. 열등감을 성숙의 기회로 바꾸고 다른 사람을 축복하는 기회로 바꾸어 살아간다. 열등감을 바꾸어서 오히려 당당한 하나님의 자녀로 살아가게 된다. 열등감을 회복하고, 자존감을 가지고 살아가자. 십자가의 회복이 우리에게 임할 것이다.

미국의 대통령 루스벨트는 소아마비를 앓은 사람이다. 그러나 그는 미국의 많은 대통령 가운데 가장 위대한 경제 대통령으로 기억되고 있다. 아무도 그를 장애인으로 기억하지 않는다. 사람들은 그를 세계 경제 대공황을 극복한 대통령으로 기억할 뿐이다. 베토벤은 청각장애인이었다. 하지만 아무도 베토벤을 청각장애자로 기억하지 않는다. 위대한 작곡가로 기억할 뿐이다. 에이브러햄 링컨(Abraham

Lincoln)은 초등학교도 졸업하지 못한 무학자였다. 하지만 사람들은 그를 남북통일을 이루고 흑인을 해방시킨 위대한 대통령으로 기억할 뿐이다.

우리에게 있는 장애나 흠이 삶에 얼마나 큰 영향을 끼치는가? 혹시 그것들 때문에 열등감에 빠지지는 않는가? 그 열등감은 다시 우리의 삶을 파괴시키고 사명을 잊어버리게 하지는 않는가? 우리는 하나님이 선택한 사람으로서 열등감을 그분에게 맡기길 바란다. 그리고 주님이 주시는 고귀한 자존감으로 우리만의 사역을 잘 감당하길 바란다.

지독한 열등감을
넘어서서

자만은 우월감이고, 자기혐오는 열등감으로 나타난다. 그리고 열등감이 강하다는 것은 마음속에서 우월하고 싶다는 욕구가 강하게 작용하는 것이라고 볼 수 있다. 자만은 자기보다 레벨이 낮은 자를 기준으로 해서 자기만족을 하는데, 열등감은 너무 높은 목표를 설정하고 그 목표와 자기와의 차이에 빠져 버린 모습이다. 따라서 거기에 빠지지 않으려면 과감하게 "쓸데없는 것!"이라고 외치며 분발한다면 훨씬 성장할 것이다. 역사상 위대한 업적을 남긴 위인, 영웅들의 성장 과정을 살펴보면 뜻밖이라고 할 수 있을 정도로 열등감이 강했던 사람이 많다. 빈곤, 신체적 단점, 신분, 집안, 학업, 성적 때문에 지독한 열등감을 가졌던 사람들이 이를 계기로 보다 강인하고 용감해져서 크게 쓰임받았다.

[열등감 정복]

인생의 열등감

열등감이란 자신을 남보다 못한 무가치한 인간으로 낮추어 평가하는 감정이나 삶의 태도다. 그래서 열등감은 인간의 약점이며 불치병이다. 열등감을 이기는 길은 바로 십자가다. 열등감을 십자가 밑에 던져 버리고 자신의 모습 그대로를 받아들일 때 열등감은 축복의 기회가 될 수 있다.

Q. 당신이 십자가 밑에 던져 버리고 싶은 열등감은 무엇인가?

모세의 열등감

애굽 궁전에서 살던 모세는 어느 날 젊은 혈기로 살인죄를 범하게 되었고 그로 인해 애굽인과 동족 모두에게서 비난을 받게 되었다. 모세는 생명에 위협을 느끼고 그 두려움으로 인해 광야로 도망갔다. 그 후 하나님이 모세를 부르자 그는 심한 열등감으로 하나님의 부르심을 네 번이나 거부했다.

Q. 열등감이 생기게 된 계기는 무엇인가? 열등감으로 고통받았을 때 어떤 마음이었는가?

자존감으로 회복한 열등감

자존감은 특별한 가치에 대한 인식이며 자기를 있는 그대로 존중하는 감각이다. 우리의 약점과 열등감을 새로운 인생관으로 바꾸는 통로가 예수님이다. 예수 그리스도와의 만남을 통해 자존감을 회복할 수 있다. 하나님은 나의 쓰레기 같은 열등감을 거두시고 높은 자존감을 주신다.

Q. 당신이 예수님을 믿고 난 후 가장 많이 회복된 부분은 무엇인가?

CHAPTER 6
고통의 의미

하나님의 시험 | 하나님의 축복 | 하나님의 계시

고통의 의미

그들이 엘림에 이르니 거기에 물 샘 열둘과 종려나무 일흔 그루가 있는지라
거기서 그들이 그 물 곁에 장막을 치니라_출 15:27

영국의 신학자 알렉산더 맥클라렌(Alexander MacLaren)은 "하나님이 험한 길로 내어 보내실 때는 튼튼한 신발을 준비하여 주신다. 하나님은 장비를 잘 갖추어 주시지 않고 여행을 떠나도록 내보내시는 일을 하지 않으신다."고 했다.

인생을 살다 보면 노래를 부르고 춤을 추고 싶을 때가 있다. 하나님의 축복으로 인해 소위 인생이 잘 나갈 때다. 성공이 우리를 부르고 손짓할 때다. 그러나 문제는 축복의 노래가 평생 지속될 수 없다는 것이다. 삶에 고통이 찾아올 때가 있다. 그로 인해 갑자기 어느 날 노래가 멈추고, 춤을 추던 손은 가슴을 친다.

고통을 당했을 때 고통 그 자체보다 나를 더 괴롭히는 것은, '내가

왜 이 고통을 당해야 할까?'라는 생각이다. 만약 아무리 고통이 심해도 고통의 의미를 알 수 있다면, 고통 속에서 견디고 버틸 것이다. 그리고 고통을 잘 극복할 수 있다. 고통의 의미를 발견하고 고통의 교훈을 제대로 배운 사람들에게 고통은 두려운 것이 아니다. 그렇다면 고통의 의미는 무엇일까? 왜 하나님의 백성에게도 고통이 있어야 하는가? 고통의 의미를 깨달아 그 고통을 이김으로써 인생이 바뀌는 역사적 삶을 살아야 한다. 그리고 가정과 민족의 고통을 바라보며 큰 교훈을 깨닫는 귀한 은혜가 있어야 한다.

:: **하나님의 시험**

성경에서의 고통은 대부분 좋은 열매를 맺기 위한 하나님의 시험이다. 출애굽기 14장에 어떤 사건이 있었는가? 이스라엘 백성 앞에서 홍해가 갈라졌다. 홍해 앞에서 죽을 줄 알았던 이스라엘 백성이 부르짖었더니 하나님이 홍해를 갈라 주셨다. 그들 앞에서 기적이 일어난 것이다. 그들은 홍해를 육지처럼 건너가면서 하나님의 기적을 경험했다. 어찌 춤추지 않고, 찬양하지 않을 수 있는가? 죽음의 위기에서 살아나 원수들이 물속에서 죽는 하나님의 기적을 본 백성들은 춤을 추고 노래하면서 하나님을 찬양했다. 그런데 하나님은 사흘 후에 상황을 바꾸신다. 그들이 타는 갈증 속에서 가까스로 물을 찾아 마셨지만 그 물은 너무 써서 이내 토해 낼 수밖에 없었다. 왜 이런 상황을 허락하셨는가? 거기에는 하나님의 의도가 있었다.

"너희들 사흘 전에 내 기적을 보고 감사하고 찬양했지? 그런데 너희들은 기적이 일어나지 않을 때도 나를 찬양할 수 있느냐? 내가 너희들에게 베푼 축복 때문에 찬양했고 감사했고 나를 사랑한다고 고백했지? 그러나 이 축복이 계속되지 않는 것처럼 보이는 상황 속에서도 여전히 나를 찬양할 수 있겠느냐? 어둠과 메마름의 상황 속에서도 너는 아직도 여전히 나를 찬양하고 나에게 감사하고 나를 사랑한다고 고백할 수 있겠느냐?"라고 시험하고 계신 것이다.

중세기 신학자 가운데 토마스 아퀴나스(Thomas Aquinas)는 이런 말을 자주 했다. "하나님을 사랑하는 백성들 가운데는 두 가지 종류가 있다. 하나는 하나님이 자기를 사랑하기 때문에 하나님을 사랑하는 사람이다. 그리고 다른 하나는 하나님을 사랑하기 때문에 하나님을 사랑하는 사람이다." 우리는 하나님에게 받은 물질과 사랑, 축복 때문에 하나님을 사랑하고 있지는 않는가? 하나님은 우리가 무조건적으로 하나님을 사랑하길 바라신다. 조건이 열악하고 희망이 보이지 않는 상황에서도 무조건적으로 하나님을 믿고 따르기 원하신다.

우리는 이렇게 기도해야 한다. "하나님이여, 신앙으로 이 고통과 시험들을 통과할 수 있도록 도와주세요. 그 어떤 상황과 현실 속에서도 하나님을 찬양하며 나아가기를 원합니다. 어떤 고통 속에서도 원망하지 않고 찬양하고 춤추며 살기 원합니다. 과거에도 함께하셨던 하나님이 지금도 함께하실 줄로 믿습니다. 그래서 어떤 시험과 고통이 다가와도 넘어지지 않고 승리하는 삶을 살도록 붙잡아 주세요." 이런 기도를 통해 시험을 극복하고 고통의 훈련을 통과해야 한다.

지금 겪고 있는 고통이 너무 괴로운가? 왜 고통받는지 모르겠는가? 하나님은 우리가 더 강해지길 원하신다. 더욱 진실하게 하나님에게 다가가길 원하신다. 그리고 이 고통을 통해 더 큰 축복을 부어 주시길 원하신다. 토마스 아퀴나스는 "때때로 고통을 당하는 것은 좋다. 왜냐하면 그 고통은 하나님의 축복을 경험할 수 있기 때문이다."라고 했다. 하나님의 놀라운 계획과 축복을 경험하기를 바란다.

:: **하나님의 축복**

드와이트 무디(Dwight Moody)는 "고통은 즐거움의 근본이다."라고 말했다. 고통은 하나님의 축복이다. 그러나 아무리 고통이 어떤 교훈을 준다고 해도 고통 자체가 어떻게 축복일 수가 있는가? 그것은 두 가지 이유 때문이다. 첫째로 대부분 고통이라는 것은 또 다른 하나님의 기적을 경험할 수 있도록 인도하기 때문이다. 우리가 경험하는 대부분의 고통은 결코 고통 그 자체에서 끝나지 않는다. 고통 앞에서 하나님의 백성답게 반응한다면 고통은 고통으로 끝나지 않는다. 고통은 또 다른 하나님의 기적을 경험할 수 있도록 인도할 것이다.

어떤 사건에서 그것을 확인할 수 있는가? 마라의 쓴 물을 경험하고 나서 하나님 앞에 부르짖어 기도했다. 그러자 어떤 기적이 일어났는가? 그 쓴 물이 변하여 단물이 되었다. 나뭇가지 하나를 던졌더니 그 쓴 물이 변하여 단물로 바뀌는 기적이 일어났다. 그 단물은 여태까지 마셨던 물 중에 가장 달게 느껴졌을 것이다. 그런데 만약 이스라엘 백성이 처음부터 단물을 계속 맛보았더라면 그 단물이 실감났었을까? 조금 전에 쓴 물을 맛보았기 때문에 그 물이 유난히 달고 귀하게 느껴졌을 것이다. 마실 수 없고 토해 냈기 때문에 그 후에 맛본 단물은 감격적이었을 것이다.

인생의 고통도 마찬가지다. 인생에 쓴 물과 같은 고통이 없다면 인생의 진정한 달콤함을 알 수 없다. 하나님은 고통 뒤에 기적의 경험을 예비해 두셨다. 그 기적을 체험할 수 있도록 지금의 고통을 이겨내야 한다. 고통 앞에서 좌절하는 삶이 아니라 고통을 넘어 기적을 바라보는 삶을 살아야 한다. 그래야 고통이 변해서 축복의 통로가 되는 기적이 일어난다. 출애굽기 15장 27절이 어떻게 끝나고 있는가?

> 그들이 엘림에 이르니 거기에 물 샘 열둘과 종려나무 일흔 그루가 있는지라 거기서 그들이 그 물 곁에 장막을 치니라

마라에서 엘림까지는 불과 11km밖에 되지 않는 거리였다. 마라를 지나서 엘림에 도달했더니 엘림에 무엇이 있었는가? 물샘이 12개 있었다. 사막에서 단 하나의 샘물도 소중한데 그 샘물이 무려 12개나 있었던 것이다. 뿐만 아니라 종려나무도 70그루나 있었다. 마라에서 멀지 않은 곳에 하나님이 준비하신 풍성한 오아시스 엘림이 있었다. 지금 마라에서 이스라엘 백성이 고통당하며 원망하는 이유는 그들은 아직 엘림을 보지 못했기 때문이다.

우리에게 엘림이 보이지 않을지라도 그곳은 존재한다. 우리에게 내일이 보이지 않을지라도 엘림은 있다. 보이는 것이 오로지 고통뿐일지라도 내일과 희망이 존재한다. 하나님이 예비하신 엘림의 존재를 믿고 나아가야 한다. 그런 의미에서 고통은 축복이다. 우리가 겪고 있는 고통 뒤에 숨겨진 하나님의 놀라운 축복을 발견하길 바란다. 그리고 그 축복을 향해 전진하는 삶을 살기 바란다.

:: **하나님의 계시**

고통은 하나님의 계시다. 하나님은 우리의 고통 현장에 찾아오셔서 자신을 보여 주신다. 문제는 우리가 고통을 당할 때 그 현장에 찾아오신 하나님을 발견할 수 있느냐 하는 것이다. 만약 우리가 고통의 현장에서 만난 하나님으로 인해 기뻐하고 감사할 수 있다면 그 고통을 쉽게 이겨낼 수 있을 것이다. 하나님은 출애굽기 15장 26절에서 "내가 애굽 사람에게 내린 모든 질병 중 하나도 너희에게 내리지 아니하리라."는 약속을 하셨다. 그러나 그 앞에 '만약 말씀을 붙들고 순종하고 살면'이라는 전제가 있다. 그리고 오늘날 우리의 고통도 치유될 수 있다고 말씀하신다.

그러면서 하나님이 마지막에 자신을 어떻게 계시하셨는가? '나는 너희를 치료하는 여호와이니라.' 하나님의 이름을 무엇이라고 부르는가? '여호와 라파'이다. '여호와 라파'의 뜻은 '치료하시는 하나님'이다. 질병 때문에 아파하고 고통받고 있는가? 그렇다면 그 질병을 감사하며 기도하라. 그 아픔으로 인해 간절히 하나님의 도움을 구할 때 하나님이 나를 고치심을 경험할 것이다.

우리는 어떤 하나님을 경험하고 있는가? 우리가 경험하고 만나는 하나님은 우리를 치료하시고 고치시는 하나님이어야 한다. 치유의 하나님은 병만 치료하시는 분이 아니다. 환경도 치료하신다. 하나님이 간섭하셨더니 마라의 쓴 물이 바뀌어서 단물이 된 것처럼 우리에게 하나님이 개입하셔서 병들고 갈등 속에 빠져 있는 가정을 치유하실 것이다. 따라서 고통은 치료하시는 하나님을 만날 수 있는 계기가 된다. 지금 고통 속에 있을지라도 원망하지 말아야 한다. 하나님이 나를 사랑하신다는 사실을 믿고 그 하나님을 만나야 한다. 그러면 마침내 고통은 축복의 삶으로 변화될 것이다.

고통 속에서도 하나님을 찬양하라

　고통에는 섭리가 있다. 기독교 최초의 역사철학서인《신국》을 쓴 아우구스티누스는 '고통과 섭리'에 대해 다음과 같이 말했다. "고통은 동일하나 고통을 당하는 사람은 동일하지 않다. 악한 사람은 똑같은 고통을 당하면서도 하나님을 비방하고 모독하지만 선한 사람은 그 고통 속에서도 하나님을 찾으며 찬양한다. 모든 사람이 무슨 고통을 당하느냐가 문제가 아니라 어떻게 당하느냐가 문제다. 똑같은 미풍이 불지만 오물은 더러운 냄새를 풍기고 거룩한 기름은 향기로운 냄새를 풍긴다."

　고통에 관한 몇 가지 명언이 있다. '고통에는 반드시 뜻이 있다.', '전에는 몰랐으나 고통을 당한 뒤 비로소 자신의 모습을 보게 된다.', '고통당할 때는 스스로를 축소 지향적으로 여기지 말라.', '고통의 상황에 절망할 것이 아니라 고통 너머의 절대자를 의지하라.', '하나님은 마음이 상한 자에게 가까이 하신다.', '고통의 때가 새로워질 수 있는 인생의 터닝 포인트다.', '인간의 절망은 복된 섭리의 시작이다.', '고통의 때에 서로가 하나 될 수 있다.'

[고통의 의미]

하나님의 시험

고통의 대부분은 하나님의 시험이다. 이스라엘 백성이 애굽을 탈출해 홍해를 건넜을 때 그들은 노래하며 하나님을 찬양했다. 하지만 사흘 후 타는 목마름 속에서 찾아 마신 그 물은 토해 낼 수밖에 없는 쓴 물이었다. 하나님은 이런 시험을 통해 어떤 상황에서도 하나님을 신뢰하도록 하셨다.

Q. 힘들고 괴로울 때도 하나님에게 감사와 찬양을 해야 할 이유가 무엇인가?

하나님의 축복

고통이 하나님의 축복인 이유는 고통 자체가 하나님의 기적을 경험하도록 인도하기 때문이다. 이스라엘 백성이 마라의 쓴 물을 경험하고 나서 하나님에게 기도하자 쓴 물이 단물로 변했다. 이것은 하나님이 마라 바로 건너편 멀지 않은 곳에 엘림이라는 오아시스를 예비하셨기 때문이다.

Q. 당신이 고통 속에서 발견한 엘림의 축복은 무엇인가?

하나님의 계시

고통은 하나님의 계시다. 하나님은 늘 고통 현장에 찾아오셔서 자신을 보여 주신다. 그래서 고통의 현장에서 그 하나님을 경험할 수 있는 것이다. 고통의 현장에서 하나님을 만날 때 고통보다는 하나님만으로 기뻐하고 만족할 수 있다.

Q. 고통을 통해서 얻을 수 있는 유익들은 무엇이라고 생각하는가?

CHAPTER 7
유익한 고난

예수님의 고난 | 고난 뒤의 승리 | 고난 속에서 예수님을 믿는다는 것

유익한 고난

그가 찔림은 우리의 허물 때문이요 그가 상함은 우리의 죄악 때문이라 그가 징계를 받으므로
우리는 평화를 누리고 그가 채찍에 맞으므로 우리는 나음을 받았도다 _사 53:5

영국의 주석 학자 매튜 헨리(Matthew Henry)는 "고난의 말씀은 선지자 이사야의 예언이 아니라 전도자 이사야의 복음이다."라고 말했다. 독일의 주석 학자 델리츠(Delitzsch)는 이 본장이야말로 "구약의 예언 중 최고의 예언이다."라고 했다. 〈이사야서〉는 예언의 지성소다. 왜냐하면 고난받는 메시아에 대해서 말씀하고 있기 때문이다. 메시아는 세상 사람들로부터 많은 고초를 받으셨다. 예수님이 당하신 고난은 우리와 어떤 관계가 있을까?

현대인의 삶은 그 자체로 고난의 여정이라 할 수 있을 만큼 고되고 힘들다. 주변에는 우리를 힘들게 하는 것이 너무 많다. 나이가 많고 적음을 떠나 살면서 수없이 많은 마음의 아픔과 상처를 경험한다. 그

리고 늘 마음속에 공허함과 부재를 느끼며 살아간다. 우리 자신뿐만이 아니다. 고개를 돌려 보면 힘들어하는 사람이 너무도 많다. 고개를 더 멀리 돌려 보면 아직도 기아와 전쟁으로 죽어가는 영혼들이 있다. 그렇다면 고난은 삶의 본질일까? 그렇지 않다. 고난은 우리 삶에 반드시 주어지는 것이지만 그것이 우리 삶의 목적은 아니다. 고난은 더 큰 것을 위한 하나의 과정일 뿐이다.

　인간의 몸으로 이 땅에 내려오신 예수님도 모진 고난을 당하셨다. 하지만 예수님이 이 땅에 내려오신 목적이 고난을 당하기 위함은 아니었다. 고난을 당하더라도 우리를 위해 십자가에 못 박힘으로써 우리에게 새로운 생명의 기회를 주시기 위함이었던 것이다. 그렇기 때문에 우리는 다시 하나님과의 관계를 회복할 수 있었고 영원한 생명을 얻게 됐다. 우리 삶의 고난 역시 하나님에게 더 가까이 다가가기 위한 하나의 과정이다. 고난을 이기기 위한 유일한 방법은 예수님의 십자가를 믿고 의지하는 것이다. 그 고난들에 대해 자세히 살펴보자.

:: **예수님의 고난**

　왜 하나님이 당신의 아들을 버리셨는가? 버림받는다는 것은 누구에게나 아주 힘들고 어려운 것이다. 버림받는다는 것은 고난을 의미한다. 버림받았던 경험이 있는가? 누구나 한 번쯤은 자기가 고아처럼 버림받았다는 생각을 해 본 적이 있을 것이다. 그래서 혹자는 "모든 사람은 고아로 태어난다."고 말한다. 실제로 사람들은 다 고아로 태어난다. 부모가 없어서 고아이기도 하지만 자라나면서 심리학적으로 고아가 된 듯한 버려진 심정을 경험하기 때문에 그렇다. 때로는 부모님이 살아 계실 때도 고아의 느낌을 갖는 경우가 있다. 부모의 부재를 마음속에 경험하는 것이다.

어린 시절 혹은 청소년 시절에 이런 아픔을 경험해 본 적이 있을 것이다. 그러나 어렸을 때뿐만 아니라 성인이 된 후에도 이런 경험을 하게 된다. 어떤 사람은 오랫동안 충성스럽게 수고하던 직장에서 갑자기 사직하게 되기도 한다. '이제 무슨 일을 하면서 인생을 살아가야 할까?' 하면서 버림받음을 경험하기도 한다. 또 어떤 사람은 그 동안 스스로 건강하다고 생각했는데 갑자기 몹쓸 병에 걸리기도 한다. 그러면서 누군가에게 버려진 듯한 기분에 마음 아파하기도 한다.

이렇게 큰 사건을 경험한 사람들만 있는 것이 아니다. 때로는 모든 것을 가졌고 풍부한 상태인 것 같아도 내적 결핍과 자기 상실의 아픔을 경험하는 사람들도 있다. 모든 것을 소유했지만 만족하지 못하는 삶을 경험하기도 한다. 때로는 사회적인 측면에서 더 확대된 버림받음을 경험하는 사람도 있다. 예를 들면, 장애인들 중에 사람을 만나기 싫어 집에만 머물면서 마음속에 큰 상실감을 느끼는 사람들을 주위에서 종종 보게 된다.

조금만 눈을 돌려 살펴보면 세계 도처에서 일어나는 재난과 테러, 전쟁으로 인해 사랑하는 부모님과 처자식을 잃고 집과 재산을 잃어버린 상실의 고통 속에 신음하며 탄식하는 사람이 많다는 사실을 깨닫게 된다. 누구에겐가 버림받는 것은 상처며 고난이다. 육체와 마음에 누구도 자기를 돌아보는 사람이 없다고 하는 상처를 갖게 되는 것은 모든 사람에게 치명적인 아픔이다.

그러나 예수님도 성부 하나님으로부터 버림받으셨다. 우리의 죄를 담당하기 위해 하늘 보좌를 버려 두시고 이 땅에 오셨다. 그리고 심한 멸시와 천대를 받으셨을 뿐만 아니라 질고도 당하셨다. 여기서 질고란 무엇인가? 사람이 죄로 인해 당하는 영육간의 고통이다. 인간의 죄와 허물 때문에 예수님도 버림받는 고통을 당하셨다.

예수님은 버림받음과 고난 속에서도 승리하시고 멸시와 천대 속에서도 승리하셨다. 영원한 속죄의 사역을 이루시고 승리하셨다. 때문에 우리에겐 소망이 있다. 고난 속에서도 낙심하지 않고 날마다 승리하는 삶을 살아갈 수 있는 것이다. 그러므로 우리는 고난 속에서도 절망하면 안 된다. 포기하지 말아야 한다. 그러면 마침내 고난의 짐 보따리에서 벗어날 것이다. 믿음을 갖고 십자가를 바라보아야 한다. 고난의 예수님을 바라볼 때 넘치는 은혜와 놀라운 새 힘을 공급해 주실 것이다.

:: **고난 뒤의 승리**

우리가 세상에서 버림받았다고 생각하면 어떤 결과가 마음속에 생기는가? 우선 마음이 피폐해지기 시작한다. 그리고 자존감이 낮아져 결국에는 자포자기하게 된다. 이때 사탄은 심리적인 무기를 사용하면서 그런 사람들을 공격한다. 마음에 어둠과 두려움을 가져다준다. 의심하고 회의하는 마음이 들게 하고 마음속에 분노를 일으킨다. 근심과 걱정으로 인간을 무력하게 만든다.

때로는 죄책감을 불러일으켜서 자기 자신을 미워하게 만든다. 자기를 정죄하고, 열등감을 조장시켜 값어치 없는 존재처럼 스스로를 조롱하게도 만든다. 이것이 상실 당한 사람들이 갖게 되는 아픔이다. 그래서 낮은 자존감을 갖게 되면 잠재력이 마비돼 미래에 대해 꿈을 꾸지 못하게 된다. 이런 사람들은 인간관계에서도 모든 문을 닫아 버리게 된다.

사랑이란 무엇인가? 사랑이 남에게 문을 열어 놓는다면 낮은 자존감은 높은 담을 쌓는다. 인간관계도 어렵고 힘들게 만든다. 도대체 누가 낮은 자존감을 느끼게 하는가? 또한 왜 상처를 입히고 모든 것을 포기하게 하는 것인가? 영국의 성직자 필립 도드리즈(Philip Dodriz)는 "만약 아무도 그대를 사랑하지 않는다면 그것에 대한 잘못은 그대에게 있다."라고 했다. 사람에게는 마음의 거울이 있다. 인간의 얼굴이 무엇에 비추어서 나를 보는가에 따라서 달라지는 것이다. 우리 마음에도 성격에도 얼굴이 있다. 그러면 무엇을 통해서 나의 얼굴을 들여다보고 있는가? 누가 내 얼굴에 상처를 내게 하고 비뚤어지게 하고 열등감을 심어 주고 당당하지 못하게 하는가?

어떤 사람은 자기 자신을 늘 남과 비교하기 때문에 상처를 받고 열등감을 갖게 된다. 공부할 때도 놀 때도 자기를 남과 비교한다. 이럴 때 누가 이용하는가? 사탄이 이용한다. 사탄은 우리의 마음속에 끊임없이 열등감을 집어 넣는다. 사탄은 우리를 죄의 노예와 인생의 패배자로 만든다. 넘어져서 다시는 일어서지 못하도록 무너뜨린다.

하지만 예수님은 멸시와 천대를 받으면서도 넘어지지 않으셨다. 포기하지 않으셨고, 오히려 스스로를 비우시고 낮아지셨다. 기독교는 스스로 낮아지고 비천해질 때 하나님이 높여 주시고 존귀하게 하신다. 예수님은 버림받으심으로 끝나는 것이 아님을 아셨다. 멸시와 천대로 끝나지 않음을 알고 계셨다. 이것은 역설적 진리다. 고난 뒤에는 반드시 영광과 승리가 있다.

그래서 힐티는 "사람은 오직 고난의 시간에 의해서만 참된 용기를 알고 고난의 날에 의해서만 올바른 인생관을 얻고 더욱 큰 인물이 되는 것이다."라고 했다. 모든 아픔과 고난은 보다 좋은 유익을 낳는 씨앗이다. 어떠한 고난 속에서도 절망하지 말아야 한다. 고난에 의해 우리는 축복의 가치를 배우고 성공의 의미를 알게 된다. 고난을 통해서 약해질 것이냐, 고난을 통해서 강해질 것이냐는 우리에게 달렸다.

:: 고난 속에서 예수님을 믿는다는 것

예수님을 믿는다는 것이 무엇인가? 지금까지 다른 사람들을 통해서 보았던 자기의 거울, 사탄이 나를 조롱하며 형편없는 존재로 정죄했던 거울들을 다 벗겨 내고 진정한 거울인 예수님의 거울 앞에 다시 서는 것이다. 우리는 연약하고 부족하고 죄로 인해 감히 설 수 없는 존재지만 그럼에도 불구하고 우리를 사랑한다고 말씀하시는 예수님의 거울로 우리 자신을 다시 바라보는 것이다.

하나님이 친히 당신의 아들을 이 땅에 보내셔서 우리가 당해야 하는 그 수모와 수치를 당하게 하시고, 고난과 상실감의 현장에서 몸으로 경험하게 하셨다. 그 이유가 무엇인가?

> 그는 실로 우리의 질고를 지고 우리의 슬픔을 당하였거늘 우리는 생각하기를 그는 징벌을 받아 하나님께 맞으며 고난을 당한다 하였노라 그가 찔림은 우리의 허물 때문이요 그가 상함은 우리의 죄악 때문이라 그가 징계를 받으므로 우리는 평화를 누리고 그가 채찍에 맞으므로 우리는 나음을 받았도다(사 53:4~5)

우리의 영혼이 나아지고 치유받기 위해서다. 우리를 위해 하나님은 예수님에게 고통을 주신 것이다. 마음속에 평화와 용기 그리고 하나님의 자녀라는 자존감을 회복시키기 위해서 십자가에 달려 죽게 하신 것이다. 기독교는 바로 예수님의 고난과 십자가의 종교다. 예수님의 상처와 허물, 그의 버림받음과 상실의 고통으로 인해 우리가 당하고 있는 고통이 치유받게 된 것이다.

예수님은 처음부터 고난을 짊어지시기 위해 이 세상에 오셨다. 하나님이 인간이 되는 것 자체가 이미 큰 고난이었다. 왕 중의 왕이신 하나님의 아들이 왕궁에서 태어난 것이 아니라 짐승의 구유에서 태어나신 것 자체가 고난이었다. 하나님 나라를 증거하시면서 소외되고 멸시받고 비천한 자들을 끌어안으신 그 자체가 고난이었다. 그리고 마지막 십자가의 길에 들어서실 때 예수님도 감당하실 수 없을 만큼 힘들고 두려우셨던 것이다. 그래서 다음과 같이 말씀하셨다.

내 마음이 심히 고민하여 죽게 되었으니 (막 14:34)

〈마태복음〉에서는 예수님이 고민하고 슬퍼하셨다고 기록하고 있다. 하나님은 예수님을 외면하셨다. 쓴 잔을 거두어 달라는 예수님의 기도도 거절하셨다. 예수님은 이마에서 흐르는 땀이 핏방울처럼 보일 정도로 하나님에게 철저히 버림받으셨다(눅 22장). 그러자 예수님이 드디어 이렇게 말씀하셨다.

제구시쯤에 예수께서 크게 소리 질러 이르시되 엘리 엘리 라마

사박다니 하시니 이는 곧 나의 하나님, 나의 하나님, 어찌하여 나를 버리셨나이까 하는 뜻이라(마 27:46)

죄에 대한 심판과 허물, 자기 학대와 열등감에 대한 모든 심판을 예수님 스스로 지신 것이다. 예수님만이 우리의 고난을 도울 수 있다. 스스로 외롭고 고독함을 처절하게 경험하시고, 죄악의 참혹한 죽음을 경험하신 예수님만이 우리의 고독함을 해결하시고 죽음의 위협과 두려움에서 해방시키실 수 있다. 우리는 무엇으로 고난받고 있는가? 예수님은 우리보다 백 배, 천 배의 고난을 받으셨다. 예수님이 받으신 고난으로 우리는 자유를 얻었다. 그리고 우리를 초청하신다.

내가 너희를 고아와 같이 버려두지 아니하고 너희에게로 오리라(요 14:18)

우리는 이제 더 이상 고아가 아니다. 하나님의 자녀다. 고난을 승리로 바꾸신 주님의 영광을 바라봐야 한다. 내가 세상으로부터 버림받았다고 생각하는 자리에서 일어나 나를 구원하시기 위해 하늘 보좌를 버려 두시고 이 땅 위에서 오신 예수님을 바라봐야 한다. 마침내 고난을 승리로 바꾸셨던 것처럼, 우리의 고난도 바뀌어 승리하는 삶을 살게 될 것이다. 고난을 통한 영광의 승리를 체험하기 바란다.

인간의 잠든 감각을 깨우시는
하나님의 큰소리

"생각하건대 현재의 고난은 장차 우리에게 나타날 영광과 비교할 수 없도다"(롬 8:18). 어떤 사람은 이 구절을 대할 때 이 성경말씀을 기록한 사람은 틀림없이 고난에 끄떡도 않는 강철 같은 사람이거나, 일상생활 중에 일어나는 별것 아닌 귀찮은 일들에 익숙해진 사람일 것이라고 생각할 수 있다. 그러나 사실은 그렇지 않다. 이 구절은 성령의 인도로 기록된 것이며 가장 가혹한 고통에 시달린 사람이 기록한 것이다. 고난 후의 영광은 상상이 아닌 확신이다.

보화는 길거리에서 쉽게 발견되지 않는다. 보화는 깊은 광맥을 찾아가야 얻을 수 있다. 인생의 보화도 깊은 곳에 있은데 그 깊은 곳이 바로 '고난'이다. 역사의 진리와 교훈이 발견된 때도 민족이 고난을 당한 때였다. 영국의 저술가 C.S. 루이스는 말했다. "평안할 때 인간은 하나님이 양심을 통해 속삭이시는 소리를 잘 듣지 못한다. 그래서 하나님은 고난을 보내시는 것이다. 고난은 '인간의 잠든 감각'을 깨우시는 하나님의 '큰소리'다."

[유익한 고난]

예수님의 고난

버림받는다는 것은 누구에게나 아주 힘들고 어려운 것이다. 버림받는다는 것은 고난을 의미한다. 예수님도 성부 하나님으로부터 철저히 버림을 받으셨다. 하늘 보좌를 버리고 이 땅에 오셔서 심한 멸시와 천대를 받으신 이유는 인간의 죄와 허물 때문이다.

Q. 지금까지 자라오면서 거절감에서 오는 상처가 있었다면 무엇인가?

고난 뒤의 승리

버림받았다고 생각하면 마음이 피폐해지기 시작한다. 자존감이 낮아지고 자포자기하게 된다. 이때 마음에 어둠과 두려움이 생기고 의심하고 회의하는 마음이 든다. 하지만 예수 십자가의 은혜를 입은 우리는 고난이 끝이 아님을 알아야 한다. 고난 뒤에는 반드시 영광과 승리가 있다.

Q. 거절이나 외면을 당했을 때 어떤 마음으로 상대방을 대했는가?

고난 속에서 예수님을 믿는다는 것

예수님을 믿는다는 것은 다른 사람들을 통해서 보았던 거울을 걷어 내고 예수님의 거울 앞에 서는 것이다. 그 앞에서 연약하고 부족하고 죄로 인해 감히 설 수 없는 존재임을 알게 된다. 그러나 예수님을 믿으면 나를 사랑하고 너희는 내 지녀라고 하는 예수님의 거울로 나를 보게 된다.

Q. 지금 성령 안에서 치유와 회복을 경험하고 싶은 마음은 무엇인가? 이를 위해 기도하자.

CHAPTER 8
회개하는 죄인

죄와 죄책감 | 죄책감을 기회로 | 죄책감에서 해방되는 길

회개하는 죄인

나의 죄악을 말갛게 씻으시며 나의 죄를 깨끗이 제하소서_시 51:2

　　토마스 풀러(Thomas Fuller)는 "죄에 빠지는 자는 사람이고, 죄를 슬퍼하는 자는 성자이고, 죄를 자랑하는 자는 악마다."라고 했다. 주베날(Juvenal)은 "죄에 대한 욕망도 벌이 따른다. 가슴속에서 범죄를 생각하는 사람도 그 행동의 죄를 모두 갖는다."고 했다. 마음의 생각에서 죄의 올무에 매여 있는 삶은 죄에 빠질 수밖에 없다. 우리는 지금까지 수많은 죄를 지었다. 그리고 하루에도 수차례 크고 작은 죄를 지으며 살아간다.

　　죄에 빠진 사람의 모습에서 죄를 슬퍼하고 멀리하는 그리스도인의 모습으로의 변화는 어려운 것일까? 죄를 짓고도 그것의 부거움을 알지 못하는 사람들이 있다. 죄의식이 없는 사람들은 습관적으로 죄를 짓는다. 그리고 그것이 왜 잘못된 것인지 알지 못한다. 반면 대다수의 사람은 자신의 행동이 죄를 짓는 것이라는 사실을 안다. 하지만 아는 것과 다르게 행동은 여전히 죄를 짓는다. 결국 그들의 마음속에는 커다란 죄책감이 생기고 그것으로 인해 괴로워한다.

> 너희가 누구의 죄든지 사하면 사하여질 것이요 누구의 죄든지 그대로 두면 그대로 있으리라(요 20:23)

이러한 죄의 순환에서 벗어나지 못하면 결국 그 삶은 죄를 짓고 죄책감을 느끼는 죄의 올무에서 벗어날 수 없다. 누구보다 열심히 하나님을 찬양했던 다윗 역시 하나님에게 죄를 지었다. 그는 어떻게 죄의 올무에서 벗어나 하나님에게 영광 돌리는 삶을 살게 되었을까? 우리 삶에서 죄와 죄책감의 문제를 어떻게 해결해야 할까?

:: **죄와 죄책감**

'죄'는 '잘못하다', '이탈하다', '벗어나다'의 뜻을 갖고 있다. 마르틴 루터는 "죄는 본질적으로 하나님에게 떠나는 것"이라고 표현했다. '죄'라는 말이 '죄 지은', '죄성' 등 관련 단어를 제외하고 순수 명사형으로 구약에 346회, 신약에 127회 도합 473회나 사용되었다.

이는 성경이 인간의 죄 문제를 얼마나 진지하게 그리고 중요하게 다루고 있는가를 보여 준다.

죄는 저주와 죽음으로 가는 통로가 된다. 그래서 토마스 A. 켐피스(Thomas A. Kempis)는 "죽음을 피하는 것보다 죄를 피하는 것이 더 낫다."고 했다. 왜냐하면 회개함 없이 죄를 짓는다면 우리는 죽음을 피할 수 없을 뿐더러 죽음 이후에 천국으로 갈 수도 없기 때문이다. 죄는 인생의 조종간을 사탄에게 내어 주고 죄는 인간을 축복의 동산에서 쫓겨나게 만든다. 죄는 하나님과의 관계를 파괴한다.

예수님을 믿고도 죄를 짓는다고 해서 모두 천국을 상실하거나 하나님과의 관계가 깨지는 것은 아니지만 하나님과의 친밀한 교제를 상실하게 된다. 그중에서도 죄 지은 인생의 영혼을 황폐하게 만드는 것이 바로 죄책감이다. 죄의 올무인 죄책감은 죄의 문제를 긍정적으로 해결할 힘을 앗아 간다.

그래서 죄를 짓고 죄책감이 생기면 연약한 인간이라서 어쩔 수 없었다고 합리화한다. 그리고 나를 이렇게 만든 하나님이 잘못이라고 책임을 전가시키고 하나님과 타협하려고 한다. 피상적으로 죄를 고백하고 억지로 편안한 마음을 가지려 한다. 아무런 처벌도 없을 것이라고 스스로 위로한다. 또는 죄책감에 시달려 자신을 매우 형편없는 인간이라고 자학하며 우울증에 빠지기도 한다.

예수님을 믿고도 죄책감의 문제가 해결되지 않으면 어떻게 되는가? 먼저 우리 삶의 에너지가 고갈된다. 영혼과 마음에 깊은 상처들이 남아 조금이라도 안 좋은 일이 생기면 두려움에 시달린다. 하나님이 나를 버리시지 않을까 두려워한다. 하나님의 은혜와 영광스러운 교제를 상실하게 된다. '하나님이 나 같은 것을 도와주시지 않을 거야.'라고 생각한다. 이런 죄의 올무에서 죄책감에 빠져 인생을 포기하지 말고 그곳에서 벗어나 자유의 삶을 살아가야 한다.

:: **죄책감을 기회로**

죄책감을 기회로 바꿔야 한다. 예수님이 우리를 위해 십자가에서 하신 일을 모르면 파괴적인 죄책감에 시달리게 된다. 오늘도 사탄은 그 무지함을 한껏 이용하여 우리를 파괴하려 한다. 그러나 그리스도인은 더 이상 죄책감에 시달리지 않아도 된다. 예수님이 십자가에 달리심으로 우리의 죄를 모두 해결하셨기 때문이다. 하나님은 인간이 죄책감으로 인한 저주에 머물러 있는 것을 원하지 않으신다.

> 그러므로 아들이 너희를 자유롭게 하면 너희가 참으로 자유로우리라 (요 8:36)

우리가 죄책감을 안고도 예수님 앞으로 나아갈 수 있다면 죄책감이 반드시 나쁜 것만은 아니다. 오히려 죄책감은 죄를 깨달은 사람에게 회개의 기회를 준다. 성경을 보면 죄 짓고 망한 사람과 죄 짓고도 복 받은 사람이 나온다. 그 차이가 무엇일까? 예수님을 통한 회복을 아느냐, 모르느냐의 차이다. 용서하시는 하나님을 만났느냐, 저주하시는 하나님을 만났느냐의 차이다. 우리의 죄와 죄책감을 안고 예수님에게 나아가 모든 것을 맡기면 놀라운 회복이 일어날 것이다.

다윗은 물맷돌 다섯 개를 취하여 블레셋의 장군 골리앗을 넘어뜨린 참으로 용기 있는 소년이었으며 〈시편〉에 있는 거의 대부분의 시를 쓴 영적 감각도 뛰어난 사람이었다. 또한 그는 이스라엘 민족을 가장 번영하게 했던 위대한 왕이요, 통치자였으며, 이스라엘 민족 역사에서 가장 자랑스러운 성군으로 존경과 사랑을 받았다. 구약성경에만 다윗의 이름이 800번 등장한다. 성경 전체에서 예수님보다 더 많이 등장하는 이름이 다윗이다. 다윗은 하나님을 사랑했다. 다윗이 쓴 〈시편〉에는 하나님을 사랑하는 뜨거운 마음이 표현되어 있다. 그는 하나님을 사랑하고 평생을 성전에서 살기를 원했다. 그러나 다윗 인생의 절정은 회개하던 순간이다. 다윗이 하나님의 마음에 합한 이유도 그가 회개할 줄 알았던 사람이기 때문이다.

보통 인간은 죄를 짓고 본래 자신은 의로운데 실수로 죄를 지었다고 변명하며 거짓말한다. 어거스틴은 "모든 죄는 거짓말의 일종이다."라고 했다. 우리는 그 죄에 대해 하루 빨리 용서를 구하고 죄악에서 벗어나야 한다. 미국의 작가 마크 트웨인(Mark Twain)은 "회개가 신발을 신는 동안 죄는 세계를 한 바퀴 돈다."고 했다. 지금 회개해야 한다. 회개를 미루는 동안 죄는 지구를 또 한 바퀴 돌고 있다.

> 만일 우리가 우리 죄를 자백하면 그는 미쁘시고 의로우사 우리 죄를 사하시며 우리를 모든 불의에서 깨끗하게 하실 것이요(요일 1:9)

다윗은 변명하지 않았다. 자기 스스로 거짓말하지 않았다. 다윗은 '내가 죄악 중에 잉태하였고 죄 중에 탄생하였다.'고 하며 자신은 본질적으로 죄인이요, 본래 의를 행할 수 없는 사람이라고 했다. 회개의 눈물이 마를 날이 없었기에 "주야로 눈물이 내 음식이 되었다." 하며 눈물로 침상을 적셨고 그의 베개는 눈물로 썩었다고 했다.

다윗에게 표현할 수 있는 최고의 형용사가 있다면 '회개하는 사람'일 것이다. 그는 죄의 올무에서 영혼의 자유로 바꾸는 인생을 산 사람이다. 〈시편〉을 통해 진실한 회개가 무엇인지, 회개의 복이 얼마나 놀라운 것인지를 보여 준다. 시편 51편은 그중에서도 가장 대표적인 참회록이다. 우리도 다윗처럼 죄의 올무에서 벗어나야 한다. 영혼의 자유를 회복해야 한다.

:: **죄책감에서 해방되는 길**

　죄책감에서 자유하게 되는 길이 있다. 그것은 죄책감을 안고 예수님 앞으로 나아가는 것이다. 우선 우리가 지은 죄를 생각나게 해 달라고 기도해야 한다. 그리고 성령님이 가르쳐 주신 우리의 죄에 대해 용서를 구해야 한다. 하나님은 우리를 용서하시기 위해 희생의 피를 준비하고 계신다. 성령님이 지적하신 죄에 대해 자신을 합리화시키지 말고 정직하게 자백해야 한다. 우리가 예수님을 영접할 때 우리의 모든 죄는 용서될 것이고, 구원받게 될 것이다.

　하지만 그것과 우리 자신이 하나님 앞에 용서를 비는 것은 다른 차원의 문제다. 우리의 죄는 하나님과의 관계를 가로막는 것이기 때문에 매일 호흡하듯이 내게 발견된 죄를 고백하고 회개해야 한다. 이것을 영혼의 호흡이라고 말하기도 한다. 심리학자들은 죄를 자주 언급하는 것에 대해 비판한다. 그러나 죄를 다른 이름으로 미화시키려는 유혹에서 벗어나야 한다. 내 죄를 남에게 전가하려는 유혹에 빠지지 말아야 한다. 에덴동산에서 죄를 범한 아담은 아내에게 책임을 전가시켰다. 그 아내는 뱀에게 책임을 전가시켰다.

　예수님을 팔아 버린 가룟 유다는 자신을 학대하며 미워하다가 스스로 목숨을 끊었다. 하지만 이런 태도는 결코 죄를 없애지 못한다. 죄로 인해 파생되는 모든 고통을 치유할 수 없다. 죄에 대한 성경적인 바른 처리는 단 한 가지뿐이다. 죄에 대한 자백과 동의다. 하나님 앞

에서 용서를 비는 것이다. 예수님의 십자가 밑으로 나아가 행복한 영
적인 삶의 회복을 맛보는 것이다. 또한 자백한 죄를 깨끗이 용서해 주
신다는 사실을 믿어야 한다. 성경은 보다 확실하게 말씀하신다.

> 동이 서에서 먼 것같이 우리의 죄과를 우리에게서 멀리 옮기셨
> 으며(시 103:12)

만약 우리가 죄를 자백했는데도 죄책감이 사라지지 않는다면 예수님의 보혈로 그 죄책감을 대적해야 한다. 죄책감에 시달리는 것은 예수님의 십자가를 무용지물로 만드는 것이다. 죄책감을 붙들고 사는 것은 하나님의 약속을 믿지 않는 무서운 죄를 범하는 것이다. 히브리서 10장에서 예수님은 단번에 우리 죄를 용서해 주셨다고 말씀하신다.

> 또 그들의 죄와 그들의 불법을 내가 다시 기억하지 아니하리라
> 하셨으니(히 10:17)

죄책감을 가져다주는 사탄을 예수님의 이름으로 대적해야 한다. 하나님은 한 번도 죄를 범한 적이 없는 사람처럼 우리를 인정하신다. 이제 모든 죄책감에서 해방되어야 한다. 우리는 거듭난 하나님의 자

녀이며 택하신 하나님의 백성이다. 거룩한 피로 값 주고 산 자녀들이다. 이것은 예수님의 영적인 신부에게 주어진 하나님의 최대 축복이며 행복한 영적인 삶의 회복이다.

다윗은 은혜와 긍휼을 따라 그의 죄악을 지워 달라고 기도했다. 자신의 죄악을 말갛게 씻어서 깨끗하게 해 달라고 또한 우슬초로 자신을 정결하게 해 달라고 기도했다. 이것이 다윗의 영적인 삶의 회복이다. 예수님의 십자가는 바로 나의 죄와 죄책감, 저주를 씻기고 정결하게 하는 장소다. 죄책감을 맡길 때 하나님은 내게 자원하는 심령과 영혼의 자유를 주실 것이다.

우리가 회개하는 이 시간, 행복한 회복의 역사가 일어날 것이다. 죄책감이 영혼의 자유함으로 회복되었다고 당당히 선포해야 한다. 이런 확신 있는 삶으로 죄의 사슬과 올무에서 벗어나 영혼의 자유를 누리며 살기를 바란다.

회개한 죄인인가, 회개하지 않는 죄인인가

셜록 홈스라는 명탐정을 만들어 낸 영국의 추리소설작가 코난 도일은 유명한 장난꾼이었다. 코난 도일의 장난에 일단 말려든 사람은 모두 진땀을 흘렸다. 하루는 코난 도일이 국회의원, 사업가, 변호사, 경찰 등 고위층에 있는 친구들에게 똑같은 내용의 전보를 한 통씩 보냈다. 코난 도일의 아내는 전보를 보낸 후 키득키득 웃는 남편의 태도가 궁금했다. "이번에는 또 무슨 장난을 하셨나요?" "내 친구들이 정말 죄를 짓지 않고 사는지 시험 삼아 전보를 쳐 본 거요." 아내가 다시 물었다. "뭐라고 전보를 쳤나요?" 코난 도일은 깔깔대며 대답했다. "간단한 내용이오. '당신의 죄가 탄로 났으니 빨리 몸을 숨겨라.'라는 것이었소." 코난 도일은 전보를 띄운 친구들의 집을 차례차례 방문했을 때 단 한 사람도 집에 없었다. 그는 아내에게 그 사실을 말하며 박장대소했다. "전보를 받은 친구들이 모두 집을 나가 아직까지 소식이 없다는구려. 내 친구들은 모두 죄인이야." 인간은 모두 죄인이다. '회개한 죄인'과 '회개하지 않는 죄인'이 있을 뿐이다. 당신은 어느 쪽에 속하는가?

[회개하는 죄인]

죄와 죄책감

죄는 저주와 죽음의 통로이며, 인간을 축복의 동산에서 쫓겨나게 만들고 하나님과의 관계를 파괴했다. 죄책감은 죄의 사슬로서 죄의 문제를 긍정적으로 해결할 힘을 빼앗았다. 죄책감이 해결되지 않으면 삶의 에너지가 고갈되고 영혼과 마음에 깊은 상처를 받고 두려워하게 된다.

Q. 예수님을 믿은 이후에도 아직까지 해결되지 않은 죄책감은 무엇인가?

죄책감을 기회로

죄책감을 안고 주님의 십자가 밑으로 나아갈 때, 죄를 깨달은 사람은 회개하게 된다. 죄와 죄책감을 안고 십자가에 나아가면 회복의 은혜를 받는다. 십자가만이 대안이고 해결이다. 하나님은 회개의 순간에 놀라운 회복을 주신다. 회개는 회복으로 나아가는 길이다.

Q. 당신은 참된 회개를 했는가? 회개를 통해 영혼에 회복을 경험했다면 함께 나눠 보자.

죄책감에서 해방되는 길

하나님은 우리를 용서하시기 위해 희생의 피를 준비하셨다. 성령님이 지적하신 죄에 대해 자신을 합리화시키지 말고 정직하게 자백해야 한다. 우리가 예수 그리스도를 영접할 때 모든 죄는 이미 다 용서를 받았고 구원을 얻게 된다.

Q. 죄를 죽이고 죄와 싸워 승리했을 때 당신의 영혼에 임했던 성령님을 간증해 보자.

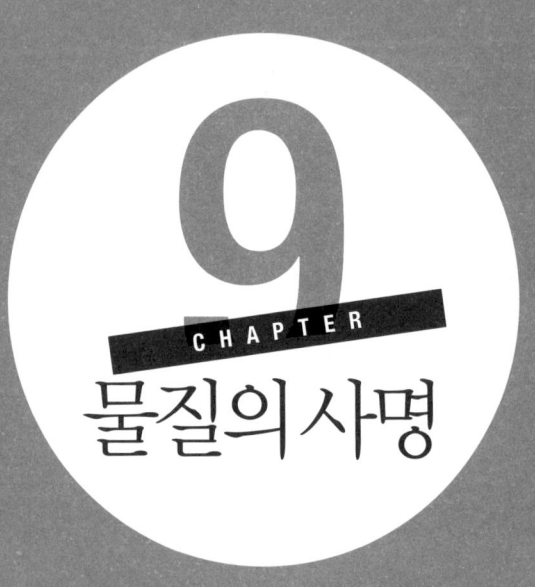

CHAPTER 9
물질의 사명

재물에 대한 바른 생각 | 재물 얻는 능력 | 재물의 존재

물질의 사명

너는 네 두 아들과 함께 들어가서 문을 닫고 그 모든 그릇에 기름을 부어서
차는 대로 옮겨 놓으라 하니라_왕하 4:4

W. NL. 영안은 "돈을 필요로 한 가난은 고통이다."라고 했다. 돈이 없는 가난이 고통스러울 때가 있다. 돈이 없어서 여러 가지 어려움을 당하기 때문인데 가난이 우리 마음에 아픔을 주기도 한다. 가난은 우리를 불편하게 하고 우리가 갖고 싶은 것을 포기하게 하지만 그렇다고 가난 자체가 나쁜 것은 아니다.《탈무드》에는 "가난은 악덕일 수는 없지만 미덕일 수도 없다."고 했다. 가난 자체는 악일 수도 없지만 미덕이지도 않다. 가난을 자랑하거나 그것을 추구할 이유도 없다는 것이다. 중요한 것은 가난을 대하는 우리의 자세와 가난을 통해 하나님이 우리에게 주려 하시는 말씀이다.

하나님이 지으신 세상은 그분이 보시기에 좋은 세상이었다. 모든

것이 풍족했고 매우 아름다웠다. 에덴동산에는 가난이 없었다. 하지만 인간이 범죄를 저지르면서 하나님과의 친밀한 교제가 깨어지자 인간에게 영적인 가난이 찾아왔다. 영적 가난은 환경의 가난함과 육체적인 질병과 더불어 마침내 총체적인 죽음을 가져왔다. 그럼 우리는 가난을 어떻게 받아들여야 할까? 어떻게 해야 가난에서 벗어날 수 있을까? 재물에 대한 올바른 가치관은 무엇일까?

:: **재물에 대한 바른 생각**

돈에 대한 올바른 생각을 가져야 한다. 교회에서 물질에 관한 설교를 하면 거룩하지 못하다고 생각하는 사람들이 종종 있는데 그것은 잘못된 생각이다. 기독교 역사상 가장 오래된 이단 가운데 하나가 영지주의라는 이원론이다. 그 이론의 핵심은 영은 선하고 물질은 악하다는 것이다. 물질을 단순히 '나쁜 것'으로 취급해서는 안 된다.

신약성경은 믿음에 관한 구절이 215번 나오고 구원에 관한 구절은 218번 나온다. 그런데 돈의 청지기 직에 관한 구절은 무려 2,084번이나 나온다. 예수님의 38가지 비유 가운데 무려 절반에 가까운 18개가 돈에 관한 비유이다. 예수님은 수시로 물질에 관해 언급하셨다. 신앙생활에서 돈에 관한 자세가 그만큼 중요하기 때문이다.

사탄이 성도들을 넘어뜨리려 할 때 주로 돈 문제를 가지고 유혹

한다.《돈 그 끝없는 유혹》이라는 황호찬 교수의 책에 따르면 사탄은 인간을 타락시킨 다음 돈에 대한 잘못된 사상을 집어넣었다. 그것은 '돈이 있으면 하나님을 의지하지 않아도 된다.'는 생각이다. 하지만 우리가 의지해야 할 것은 돈이 아니다. 우리는 돈으로 대변되는 물질을 위해 성실해야 하는 것이 아니다. 하나님의 사람들은 그분이 주신 비전에 성실해야 한다. 이 비전에 자신이 받은 자원들을 집중하며 살아야 한다. 자신의 환경과 물질 또한 비전에 집중시켜야 한다. 예수님은 십자가를 지실 때 우리의 가난 또한 담당하셨다. 예수님은 우리를 부유하게 하기 위해 우리의 가난을 담당하신 것이다.

> 우리 주 예수 그리스도의 은혜를 너희가 알거니와 부요하신 이로서 너희를 위하여 가난하게 되심은 그의 가난함으로 말미암아 너희를 부요하게 하려 하심이라(고후 8:9)

예수님은 부요하신 분이다. 온 하늘과 땅이 그분의 것이다.

> 산의 모든 새들도 내가 아는 것이며 들의 짐승도 내 것임이로다
> (시 50:11)

예수님은 내 모든 가난의 짐을 지시고 자신도 가난하게 되셨다. 왕

이신 예수님은 이 땅에 태어나실 곳이 없어 마구간 말구유에 태어나셨다. 예수님은 이 땅에 오셔서 거할 곳이 없었고 머리 둘 곳도 없었다. 모든 저주를 짊어지시고 십자가에 죽으신 다음 묻힐 곳이 없어 남의 무덤을 빌려 묻히셨다. 왜 그렇게 하셨는가? 그것은 바로 우리를 부요하게 하기 위해서였다. 예수님은 가난의 저주를 예수님의 십자가 앞으로 가져오고 행복한 회복을 경험하라고 말씀하신다.

열왕기하 4장에 보면 남편 잃은 부인이 엘리사를 찾아온다. 그는 하나님이 자신의 재정적 위기에 개입하시기를 원했고, 그로 인한 행복한 회복을 원했다. 하나님이 간섭하시면 자신에게 재정적 기적이 일어날 것을 믿었던 것이다. 이러한 믿음을 하나님은 외면하지 않으시고, 그에게 재정적인 기적을 보이셨다.

스미스(S. Smith)는 "가난은 인간으로서 수치스러운 일은 아니다. 단지 불편할 뿐이다."라고 했다. 존 아반지니 박사는 《채무의 영을 결박하라》는 책에서 채무의 영을 예수님 앞으로 끌고 와야 한다고 했다. 예수님 앞에 내려놓을 때 우리를 속박시켰던 가난의 통로는 끊어지고 재정적 기적이 우리 삶 가운데 날마다 일어날 것이다.

:: **재물 얻는 능력**

스페인 속담에 "사람이 가난하면 슬기가 짧아진다. 가난해지면 지혜까지도 마비된다."는 표현이 있다. 그러나 우리의 가난이 재물 얻는 능력이 없다는 것을 의미하지 않는다. 가난 때문에 슬기와 지혜까지 짧아지고 마비될 수는 없다. 혹시 물질로 인해 마음이 어려워지고 가난해졌는가? 전능하신 하나님을 믿고 힘을 얻자. 그럼 이제 우리에게도 재물 얻는 능력이 있음을 믿어야 한다.

> 이는 다 너를 낮추시며 너를 시험하사 마침내 네게 복을 주려 하심이었느니라 그러나 네가 마음에 이르기를 내 능력과 내 손의 힘으로 내가 이 재물을 얻었다 말할 것이라 네 하나님 여호와를 기억하라 그가 네게 재물 얻을 능력을 주셨음이라(신 8:16~18)

하나님은 부르심에 순종하여 본토와 친척을 버리고 달려 나온 아브라함을 복의 근원으로 삼으셨다. 단순히 가난에서 벗어나 부유해지는 수준이 아니었다. 자신 때문에 가정과 친척, 교회가 잘되는 복의 근원이 되게 하신 것이다. 12장에서 부름받고 13장을 펼치면 2절에 "아브람에게 가축과 은과 금이 풍부하였더라."고 했다. 그리고 그의 아들 이삭에게도 부유함을 허락하셨다.

> 이삭이 그 땅에서 농사하여 그 해에 백 배나 얻었고 여호와께서

복을 주시므로 그 사람이 창대하고 왕성하여 마침내 거부가 되
어(창 26:12~13)

뿐만 아니라 하나님은 아브라함의 손자 야곱을 통해서도 큰 재물
을 일으키셨다. 저주의 가문이 축복의 가문으로 변화된 것이다. 채
무의 가문이 나눔의 가문으로 바뀌었다. 하나님이 우리를 부르신 것
은 아브라함의 복을 주기 위해서다. 하나님은 성경 전체를 통하여 하
나님의 백성에게 영혼의 구원과 마음의 치유뿐만 아니라 물질적 축
복도 약속하고 있다. 하나님의 자녀가 부요하게 되는 첫 번째 원리는
"하나님의 것을 도적질하지 마라."는 것이다. 십일조는 하나님의 것
이다. 십일조는 축복의 씨앗이다. 농부가 아무리 배고파도 종자를 먹
지 않듯 정직한 십일조를 해야 한다.

가르침을 받는 자는 말씀을 가르치는 자와 모든 좋은 것을 함께
하라 스스로 속이지 말라 하나님은 업신여김을 받지 아니하시
나니 사람이 무엇으로 심든지 그대로 거두리라(갈 6:6~7)

"심은 대로 거두리라."는 만고불변의 진리를 말한다. 빚을 지고 있
어도 반드시 해야 할 일 두 가지는 십일조와 저축이다. 이것은 평생
먹어야 할 종자이기 때문에 아무리 빚이 있어도 이 종자들을 가지고

빚을 갚아서는 안 된다.

두 번째 원리는 하나님 앞에 가난을 가지고 나아가 기도할 때 물질을 주시면 어떻게 사용하겠다는 분명한 비전과 목적이 있어야 한다. 물질은 내 것이 아니라 하나님의 것이다. 모든 인간이 빈손으로 태어나는 것은 하나님이 인간을 이 땅에 보낼 때 필요한 것을 채우신다는 약속이 있었기 때문이다. 동시에 하나님은 내 물질을 회수해 가실 수 있는 분이다. 우리는 물질을 가져야 하는 이유와 목표를 바로 알아야 한다. '선교를 위해, 성전 건축을 위해, 가난한 이웃이나 자선단체를 섬기기 위해서'와 같은 바른 물질관을 세워야 한다.

:: 재물의 존재

한국 사람들은 아직 물질에 대한 가치관이 너무 비성경적으로 형성되어 있다. 열심히 돈을 모으는 목적이 자식에게 유산을 물려주기 위해서일 때가 많다. 분명히 그것은 중요한 일이 아니다. 오히려 그러한 이유로 재산을 모으는 것이 해가 될 때가 많다.

잭 하트만(Jack hartman)은 그의 책《성경은 경영학 교과서입니다》에서 "최고의 투자는 천국에 투자하는 것이다."라고 했다. 하나님의 부요 법칙은 하나님 앞에 심는 법칙이다. 보물을 하늘에 쌓으라고 했다. 그렇지 않으면 도적이 든다고 말한다. 여기서 도적은 사탄이다.

사탄은 돈을 이용해서 이기적인 욕망을 채우도록 한다. 욕망과 이기심으로 인해 중요한 본질을 놓치도록 한다. 그것이 사탄의 목적이다.

신앙생활을 하다가 물질 문제 때문에 번민이 생기고 시험당해 본 적이 있는가? 돈은 과시의 대상이 아니라 사명의 대상임을 기억해야 한다. 성경적으로 합당한 곳, 그러면서도 안전하고 좋은 곳에 투자하는 것이 물질에 대한 하나님의 뜻이다. 물질적으로 부요한 사람은 자신의 돈과 재물을 자랑하며 즐기기보다는 책임감을 느끼며 살아가야 한다. 많이 배운 사람은 많이 배운 사람으로서의 사명이 있듯이 하나님으로부터 많이 받은 사람은 받은 사람으로서의 사명이 있다.

서구 선진국의 많은 교회당에는 개인의 이름이 붙어 있다. 크리스천 부자들이 자신의 재산을 쏟아 지은 예배당이다. 교회뿐만 아니라 하버드 대학은 존 하버드(John Harvard)의 재산으로 설립된 대학이다. 그러나 그의 자손 중 그 누구도 이 대학 경영에 관여하지 않고 있다. 카네기 공대는 앤드루 카네기(Andrew Carnegie)의 재산으로 설립된 학교다. 시카고 대학 역시 록펠러(John D. Rockefller)의 재산으로 설립된 대학이며 캘리포니아 공대는 무명의 부자가 세운 대학이다. 물질을 얻는 것의 궁극적 목적은 드리는 기쁨과 나누는 행복에 있어야 한다. 그로 인한 하나님 나라 건설에 보람을 느껴야 한다.

'나는 물질을 통해서 영광스럽게 쓰임받을 수 있다. 나는 수입 이상의 지출을 하지 않는다. 나는 빚을 지고 살지 않는다. 나는 신용카

드로 충동구매를 하지 않는다. 나는 내가 최악의 경우라도 책임질 수 없다면 보증서지 않는다.'라고 결단해야 한다. 하나님 나라의 건설을 위해 쓰임받을 그릇을 준비해 놓고 복을 구해야 한다.

성경에서 부요함이란 단순히 부자가 됨을 말하지 않는다. 부요함이란 소유의 차원을 넘어서는 존재의 표현이다. 하나님이 주신 복에 만족하며 그것을 통해 넉넉하고 풍성한 삶을 누리는 상태를 말한다. 복은 받는 것 이전에 복 있는 존재가 되어야 한다. 좋은 나무가 되면 좋은 열매가 저절로 맺힌다. 복 받기를 원한다면 복 받을 그릇이 먼저 되어야 한다는 것이다. 하나님의 관심은 물질에 있는 것이 아니라 그 사람에게 있다.

가난한 집도 즐겁게 살면서 쉴 수가 있고 솟는 샘물로 목마름을 달랠 수 있다. 가난한 것이 비극이 아니라 가난한 것을 이기지 못하는 것이 비극이다. 바실레아 슐링크(Basilea Schlink)는 "가난이 접해야 하는 것은 고통이다. 그러나 하나님은 이 고통도 변하여 복이 되도록 하실 수가 있다."고 했다. 가난의 고통을 극복하고 이겨서 가난의 짐에서 벗어나자. 그리고 하나님이 원하시는 그릇, 존귀하게 쓰임받는 물질의 그릇이 되자. 가문에 내려오는 가난의 저주를 축복의 통로로 만들어서 하나님에게 받는 물질로 하나님의 사명을 감당하자. 이것이 하나님이 원하시는 우리의 모습이다.

가난의 터널을 지나
새 날을 맞이하기

　세계적 부호인 카네기의 어린 시절은 비참할 정도로 가난했다. 가족들이 빵 한 조각을 서로 먹겠다고 다툴 정도였다. 절망적 상황에서 카네기의 부모는 중대 선언을 했다. "이제부터는 모두 흩어져 살아야 한다. 가만히 앉아서 굶어죽을 수는 없다." 가족들은 빵을 찾아 뿔뿔이 흩어졌다. 그때 소년 카네기는 주린 배를 움켜쥐고 한 가지 결심을 했다. "가난을 영원히 날려 버리겠다. 이 고통의 순간을 절대로 잊지 말자." 카네기는 가난을 물리치기 위해 열심히 돈을 벌었다. 그리고 세계적인 부호가 됐다. 어느 날 영국의 한 신문기자가 카네기에게 부자가 되려면 어떻게 해야 하느냐고 물었다. 그때 그는 이렇게 대답했다. "반드시 가난한 가정에서 태어나야 한다. 그리고 그 가난을 잊지 말아야 한다." 가난은 잠깐 동안의 시련이다. 풍요는 반드시 '가난'이라는 터널을 지난다. 가난은 위장된 하나님의 축복이다. 가난이라는 어두운 터널을 지나면 부요라는 광명의 축복이 임할 것이다. 활짝 열리는 새 날이 임할 것이다. 가난 넘어 엘림을 바라보며 비전을 갖고 인내하자.

[물질의 사명]

재물에 대한 바른 생각

예수님은 당신의 죄를 담당하여 십자가를 지실 때 당신의 가난 또한 담당하셨다. 예수님은 부요하신 분이다. 따라서 가난의 저주를 십자가 앞으로 가져와야 한다. 예수님 앞에 내려놓을 때 우리를 속박시켰던 가난의 통로는 끊어지고 재정적 기적이 우리 삶 가운데 날마다 일어날 것이다.

Q. 당신의 지출 중 가장 많이 사용하는 부분은 어디인가?

재물 얻는 능력

첫째, 하나님의 것을 도둑질하지 말아야 한다. 둘째, 하나님 앞에 가난을 가지고 나아가 행복한 회복을 요청할 때 분명한 비전과 목적을 가지고 사용해야 한다. 재물은 하나님이 주신다. 따라서 나눔과 섬김에 사용해야 한다.

Q. 당신은 하나님에게 드릴 물질을 구분하여 드리고 있는가?

재물의 존재

부요함은 소유가 아니라 존재의 문제다. 성경에서 부요함은 단순히 부자가 됨을 말하지 않는다. 부자는 소유의 표현일 뿐이다. 반면 부요함이란 소유의 차원을 넘어 존재의 표현이다. 존재는 하나님이 주신 복에 만족하며 그것을 통해 풍성한 삶을 누리는 상태를 말한다.

Q. 내가 부요해짐에 따라 가지게 될 책임은 무엇인가?

CHAPTER 10
믿음의 동행

동행할 수 없는 두 부류 | 동행의 의미 | 동행의 결과

믿음의 동행

에녹이 하나님과 동행하더니 하나님이 그를 데려가시므로
세상에 있지 아니하였더라_창 5:24

스코틀랜드의 목사 앤드루 머리(Andrew Murray)는 "하나님이 인간을 창조하실 때 그 목적은 오직 하나였다. 그것은 피조물로 하여금 하나님의 완전하심에 동참하게 하는 것이다. 그리고 동시에 그의 축복에 참여하게 하고 나아가서는 하나님의 사랑과 지혜와 능력과 영광을 그들을 통해 나타내려 하기 위함이었다."고 했다. 영국의 형이상학(形而上學) 시인 프랜시스 퀼스(Francis Quarles)는 "인간은 신의 걸작품이다."라고 말한다. 또한 미국의 소설가인 나다니엘 호손(Nathaniel Hawthorne)은 "인간이란 정신이 들어 있는 질그릇이다."라고 했다.

우리는 하나님의 걸작품이다. 그리고 하나님의 영이 들어 있는 질

그릇이다. 하나님의 완전하심에 동참하며 하나님에게 영광을 돌리며 살아가야 할 존재다. 따라서 인생을 바꾸는 삶을 살아야 한다. 과거에는 내 경험과 지식, 의지로 살아왔다. 하지만 지금은 하나님 안에서 새로운 피조물로서 인생을 살아야 한다.

죽음의 문을 통과하지 아니하고 살아서 하늘로 올라간 사람이 있다. 죄악의 멸망 길 앞에서 넘어지지 않고 최선의 길인 하나님 나라로 올라간 것이다. 이처럼 최악의 길을 최선의 길로 바꾼 인생은 누구인가? 바로 에녹이다. 에녹은 죽음을 보지 않고 승천했다. 그러면 어떻게 해서 에녹은 죽음을 보지 않고 승천했는가?

:: 동행할 수 없는 두 부류

에녹 시대에는 두 부류가 있었다. 하나님의 형상대로 지음받은 인간이 범죄함으로 세상의 인류는 여자의 후손과 뱀의 후손으로 나뉘게 되었다. 즉 하나님을 따르는 무리와 하나님을 떠난 무리의 두 부류로 나뉜 것이다. 그것은 구체적으로 가인의 후손과 셋의 후손으로 지목된다. 첫 살인자인 가인은 하나님을 떠나 에덴 동편의 놋 땅에 거주했다. 그는 거기서 자신을 즐겁게 하고 풍요하게 하며 보호해 줄 수 있는 모든 문화를 형성한다. 그러나 그것은 모두 하나님을 떠난 죄악된 인간의 문화로서 결국 라멕의 피의 노래로 특징지어진다. 라멕은 가인의 7대손으로서 가인 문화의 최절정을 이루었다.

　가인이 죽인 아벨을 대신하여 주어진 아들인 셋은 가인과는 반대되는 계보를 형성했다. 셋의 계보를 살펴보면 가인의 계보에 나타나는 문화적 업적에 비할 만한 것은 아무것도 없다. 그들은 그저 자녀를 낳으면서 지냈을 뿐 별다른 업적을 남기지 않았다. 그러나 셋의 후손들은 가인의 후손들과 달리 하나님을 알았다. 그들은 하나님의 이름을 부르며 그분을 섬겼다.

　셋의 계보는 가인의 계보가 가인의 7대손인 라멕에 이르러 최절정에 달했듯이 셋의 7대손인 에녹에 이르러 최절정에 달한다. 라멕은 자신의 자녀들을 통해 목축과 음악 그리고 무기 생산이라는 자기 보호와 만족을 위한 모든 것을 스스로 공급했다. 그는 철저히 하나님을 배격하고 자신의 힘으로 세상을 살 것을 선언했다.

　반면 에녹은 어떤 특별한 업적도 남기지 않았다. 그러나 그는 하나님과 동행하며 살았다. 여기서 동행한다는 것은 '함께 걷는다.'는 뜻이다. 에녹은 평생 하나님과 함께 그분의 뜻대로 살았다. 에녹이 하나님과 동행했다는 것은 결코 어떤 영웅적인 행동을 했다는 것을 의미하지 않는다. 성경에서 기록하고 있는 것은 에녹의 행적은 65세에 므두셀라를 낳고 300년을 하나님과 동행하면서 자녀를 낳았다는 것뿐이다. 그것 외에는 에녹이 행한 일은 없다. 단지 다른 사람들과 같이 먹고 자고 자녀를 낳았을 뿐이다. 그러므로 경건이라는 것은 하나님의 뜻대로 사는 것이다. 어떤 특별한 일을 성취하는 것이 아님을 알아야 한다. 에녹의 경건은 매우 일상적인 것이었다.

에녹의 경건은 모양만 갖춘 것이 아니라 경건의 능력이 있는 것이었다. 그의 경건은 그가 365세에 죽음을 보지 않고 승천하게 했다. 하나님은 그가 죽음을 보지 않고 하나님 나라에 들어가게 하신 것이다. 그러므로 에녹은 죽음의 계보 중에서 유일하게 죽음을 경험하지 않는 자가 된 것이다. 히브리서 기자는 에녹이 하나님을 기쁘시게 하는 자라는 증거를 받았다고 말한다. 하나님을 기쁘시게 하는 것은 믿음으로만 가능하다. 그러므로 에녹은 믿음으로 하나님을 기쁘시게 했던 것이다. 그의 믿음은 행함으로 온전하게 된 믿음이었기에 하나님을 기쁘시게 할 수 있었던 것이다.

이처럼 에녹은 믿음의 부류를 통해서 하나님을 알았다. 셋의 후손으로 약속의 자녀가 되고 믿음의 후손이 되었다. 세상을 살아갈 때 우리 몸속에 어떤 신앙의 DNA가 흐르고 있는지가 중요하다. 우리에게는 가인의 피가 흐르고 있는가, 셋의 피가 흐르고 있는가? 우리는 약속의 자녀이며, 천국을 선물로 받은 자다. 우리가 살아갈 길은 믿음의 길, 즉 경건의 삶인 것이다. 에녹과 같이 하나님과 동행하며 살아가야 한다. 우리는 복 있는 자로서 좁은 길로 가야 하는 사람이다. 넓은 길은 멸망의 길이요, 심판의 길이다. 따라서 영생의 길로 가는 삶을 살아야 한다. 에녹처럼 날마다 하나님과 동행하며 믿음의 삶을 살자.

:: 동행의 의미

로마의 시인 마르쿠스 마닐리우스(Marcus Manilius)는 "사람은 누구나 조금씩 하나님을 닮았다."고 말했다. 하나님을 닮은 인간은 하나님과 동행하는 삶을 살아야 한다. 그렇다면 동행이란 무엇인가? 나는 하나님이 좋고 하나님은 내가 좋은 것이다. 나는 하나님 없이 살수 없고 하나님도 나 없이 살 수 없는 것이다. 이것이 동행이다. 성경에서 '하나님과의 동행'을 주석하면서 아래와 같이 기록하고 있다.

믿음으로 에녹은 죽음을 보지 않고 옮겨졌으니 하나님이 그를 옮기심으로 다시 보이지 아니하였느니라 그는 옮겨지기 전에 하나님을 기쁘시게 하는 자라 하는 증거를 받았느니라(히 11:5)

하나님을 기쁘시게 하는 것이 곧 '동행이다'라고 단언한다. 하나님과 함께하고, 하나님을 기쁘시게 하는 것이 동행이다. 에녹은 이처럼 이 땅 위에 있는 동안 신실하게 하나님과 동행하는 삶을 살았다. 따라서 에녹이 이러한 동행의 삶을 사는 동안 하나님과 친해졌다. 하나님도 에녹을 더욱 가까이에 두시고자 죽음 없이 에녹을 하늘로 들어 올림으로써 모든 신실한 성도들의 본을 삼으셨다.

따라서 내 마음이 하나님 안에 있어야 한다. 마음에 있어야 한다. 하나님과 나의 마음, 뜻, 비전이 같아야 한다. 또한 생각과 목적이 같아야 한다. 하나님과 동행하는 삶은 생각뿐만 아니라 행동이 일치해야 한다. 그러한 삶이 하나님을 기쁘시게 하는 삶이다. 이러한 일치의 삶을 통해 동행하는 삶의 증거로 삼아야 한다.

하나님과 동행하는 삶을 살기 위해 에녹과 같은 믿음을 갖자. 성경에 에녹이 특별히 훌륭하고 뛰어난 사람이란 기록은 없다. 알려진 영웅도 아니었다. 가인처럼 큰 성을 쌓았다는 기록도 없다. 라멕의 아들들처럼 훌륭한 기술자도 훌륭한 음악가도 아니었다. 그렇다면 믿음 생활이 무엇인가? 믿음은 하나님과 더불어 동행하는 삶이다.

> 사람아 주께서 선한 것이 무엇임을 네게 보이셨나니 여호와께서 네게 구하는 것은 오직 정의를 행하며 인자를 사랑하며 겸손하게 네 하나님과 함께 행하는 것이 아니냐 (미 6:8)

믿음이란 무조건 하나님이 좋아 하나님을 따르는 것이다. 새로운 가치관을 따라가는 것이다. 모압 여인 룻은 시어머니 나오미를 무조건 따라갔다. 왜냐하면 그가 하나님의 백성임을 알았기 때문이다. 엘리사는 엘리야를 끝까지 따라갔다. 왜냐하면 그가 하나님의 사람이라는 사실을 알았기 때문이다. 아브라함은 모든 것을 버리고 하나님 말씀을 따라갔다. 제자들도 모든 것을 버리고 예수님을 따라갔다. 믿음은 하나님을 따라가는 것이다. 지금까지 익숙했던 가치관과 생활

방식을 버리고 성경이 보여 주는 새로운 가치관을 따라가는 것이다. 믿음은 나의 성을 쌓는 것이 아니라 하나님의 왕국을 세우는 것이다.

성경은 에녹이 살다 간 삶의 가치를 한마디로 요약하고 있다. 이것은 에녹의 묘비와도 같은 메시지다. '에녹은 하나님과 동행했다. 에녹은 하나님을 기쁘시게 했다.'

클래어 루스(Clare Luce)라는 훌륭한 신앙인은 "누구나의 인생은 이 땅을 마치는 날 한 문장으로 요약될 수 있다."고 했다. 우리의 일생은 어떤 문장으로 요약될 수 있는가? 우리는 후손들의 묘비에 어떤 사람으로 기억해 주기를 바라는가? 후손들이 말하기를 우리를 향해 '믿음으로 살다 간 사람이다. 말씀 따라 순종하며 살다 간 사람이다. 늘 하나님과 동행하며 살다 간 사람이다.' 이런 사람으로 기억되어야 하지 않을까?

:: 동행의 결과

에녹이 하나님과 동행하는 삶을 살았다고 하니 무릉도원에 수도원 지어 놓고 거기서 하나님이나 묵상하며 산 사람으로 생각할 수 있다. 에녹은 저 푸른 초원 위에 그림 같은 집을 짓고 산채 밥을 먹고 조롱박으로 바위틈의 생수를 마시며 하나님과 동행한 것으로 생각될 수 있지만, 아니다.

반대로 에녹은 최악의 시대에서 최선의 길을 살다 간 사람이었다. 이 시대가 어떤 시대였는가? 창세기 4장 23~24절을 보면 가인의 7대손 라멕이 살상을 예찬하고 있다. 그리고 하나님의 벌을 비웃는 사악한 모습이 나온다. 역사적으로 이 시대는 머지 않아 노아의 홍수 심판이 내려질 바로 그 상황이었다. 그 시대가 어찌나 악하든지 하나님은 세상에 사람을 지은 것을 한탄하셨다.

〈유다서〉에 보면 에녹이 밥만 먹으면 하는 말이 있었다. 그것은 당시의 편만한 불경건을 한탄하는 일이다. 경건하지 않은 사람들을 바라보며 눈물로 심판을 선포하고 하나님에게 돌아올 것을 호소하는 일이었다. 경건의 삶을 잃어버린 이유가 자신의 삶이 바쁘기 때문이라고 핑계를 대는 사람을 책망했다. 환경과 현실이 좋지 못하기 때문에 하나님과 동행하는 삶을 잃어버리고 마냥 세상과만 동행한다고 말하는 사람을 부끄럽게 만들었다. 충성과 헌신 그리고 봉사와 진실한 신앙생활은 아이들 다 키워 놓은 후에 하겠다고 하는 사람들에게 말했다. "나는 300년을 자식 낳으며 키우며 하나님과 동행했다."

우리는 믿음으로 살아야 한다. 하나님과 동행하며 말씀대로 살아야 한다. 병이 들어 있어도 병든 그 몸으로 섬겨야 한다. 돈이 없어도 없는 그 상태에서 봉사하는 것이다. 믿음이 연약해도 연약한 그 모습으로 하는 것이다. 그것이 경건이다. 하나님과 동행이다. 에녹이 산아제한 없이 300년 동안 자식을 낳았다면 적어도 수백 명은 가족으로 거느려야 했을 것이다. 그럼에도 에녹은 자식을 키우며 하나님과 동행했다.

에녹은 최악의 시대, 최악의 환경, 최악의 길에 서서 하루쯤, 한 달쯤, 한 일 년 하나님과 동행하며 산 것이 아니다. 300년을 변함없이 동행하며 살았다. 인생은 변덕쟁이다. 에녹이 300년을 사는 동안 얼마나 많은 문제와 갈등이 있었겠는가? 그럼에도 불구하고 에녹은 변함없이 동행했다. 때로는 하나님이 하시는 일이 이해가 안 되기도 했다. 그리고 자식 때문에 속상한 일이 오죽 많았겠는가? 그러나 에녹은 변함없이 하나님과 동행했다. 하나님 앞에 변함이 없는 것이 하나님과 동행하는 것이다.

삶이 지칠 때마다 기억하자. 탈진이 올 때마다 기억하자. 갈등이 있을 때마다 기억하자. 에녹은 300년을 하나님과 동행했다. 늘 하나님과 동행하는 삶을 살아가자. 세상에 편승하지 말고 하나님 말씀 붙잡고 날마다 경건하게 깨어 있는 사람이 되자. 그래서 현실이 최악의 상황일지라도 하나님과 동행함으로써 마침내 최선의 길로 승리하는 삶을 살아가자. 이제 에녹처럼 하나님과 동행하는 믿음의 삶이 되자. 세상과 타협하는 인생이 아니라 하나님과 동행하는 삶을 살자. 그래서 이 시대를 변화시키는 리더가 되자. 이 시대를 주도적으로 이끌 수 있는 영적 리더가 되자. 하나님 나라를 위해서 살아가는 인생이 되사.

최선을 다하면
최상의 결과를 얻는다

　흑인 인권에 헌신한 마틴 루터 킹은 어떤 결과를 얻기보다 살아가는 과정에서 늘 최선을 다했다. 그는 꾸밈없는 솔직한 말과 행동으로 많은 사람의 신뢰를 받았는데 하루는 설교 중 이런 말을 했다. "제가 세상에 조금 알려졌다고 해서 저를 성자나 위인으로 생각하지 마십시오. 저는 모든 하나님의 자녀처럼 죄인입니다. 그러나 저는 좋은 인간이 되려고 노력합니다. 어느 날 하나님이 저에게 '너는 최선을 다했다. 참 장하다.'라고 말씀해 주실 것을 바라고 있습니다." 최선을 다해 몰입할 때 최상의 결과를 얻는다. 브뤼셀에 가면 무대의 전통을 자랑하는 유명한 레이스 가게가 있다. 이 가게의 작업실은 특이하다. 주위가 캄캄한 가운데 작은 창문을 통해 내리는 빛은 오직 레이스 짜는 틀에만 고정돼 있다. 캄캄한 중에 방적사는 그 빛을 받으며 완성품을 만들어낸다. 그래서 가게의 안내서에는 이런 글이 적혀 있다. '우리는 최고의 상품을 확신한다. 방적사 자신은 어둠에 있고 오직 그 틀만이 빛 속에 있을 때 그 레이스는 항상 섬세하고 아름답게 짜인다.'

[믿음의 동행]

동행할 수 없는 두 부류

에녹 시대에는 영적인 두 부류, 즉 하나님을 떠난 가인의 후손과 하나님을 따르는 셋의 후손이 있었다. 가인의 후손 라멕은 하나님을 배격하고 자신의 힘을 의지하며 살았지만, 셋의 후손인 에녹은 하나님과 동행하는 믿음의 삶을 살았다.

Q. 라멕과 에녹의 삶 중 당신은 어느 쪽에 더 가까운가?

동행의 의미

동행이란 하나님과 함께하는 것이고 하나님을 기쁘시게 하는 삶이다. 또 하나님의 마음과 뜻, 비전을 품고 믿음으로 행동하는 삶이다. 에녹은 믿음으로 하나님과 호흡하며 하나님과 연합된 삶을 살았다. 하나님과 동행하는 삶을 살기 위해 에녹과 같은 믿음을 갖자.

Q. 하나님과 동행하는 삶은 어떤 삶일까?

동행의 결과

에녹은 최악의 시대에 최선의 삶을 산 사람이다. 에녹은 300년을 한결같은 믿음으로 하나님과 동행하며 살았다. 시대에 편승하지 않고 하나님만 바라보며 살았다. 우리는 에녹처럼 하나님과 동행하며 이 시대를 변화시키는 삶을 살아야 한다.

Q. 세상의 풍조에 휩쓸리지 않고 믿음의 삶을 살기 위해서는 어떻게 해야 할까?